ITALIA '90

Mosaik

Dieter Kürten

WM '90

XIV. Fußball-Weltmeisterschaft in Italien
Berichte und Kommentare von
Ulla Holthoff und Ulrich Kaiser

Mosaik Verlag

Mit einem furiosen Blitzstart in die Vorrunde schlug die deutsche Mannschaft Jugoslawien mit 4:1. Rudi Völler erreichte den Ball vor Torwart Ivkovic.

Sie war fast ein vorweggenommenes Finale, die Begegnung Deutschland–Holland. Jürgen Klinsmann (hier mit Berry van Aerle) spielte das Spiel seines Lebens.

»Unbezähmbare Löwen« wurden sie von ihren Fans liebevoll genannt. Kameruns Mannschaft (hier Pagal und Makanaky) war die große Überraschung der WM.

Er verdient in Italien sein Geld – und er warf Italien aus dem WM-Rennen: Diego Armando Maradona, Star und Buhmann, geliebt und verteufelt, aber immer erfolgreich – fast immer.

Keine einzige Gelbe Karte wurde in der Drittplatz-Begegnung Italien–England aus der Schiedsrichter-Tasche gezaubert. Hier eine Fairneß-Szene mit Roberto Baggio und Paul Parker.

Inhalt

Der Jubel-Grund von Lothar Matthäus und Rudi Völler ist hinlänglich bekannt und wurde zu Recht mit deutscher Gründlichkeit gefeiert: Deutschland ist Fußball-Weltmeister 1990.

Finale
Seite 198

Italia novanta – Italia giganta!

Umsatzrekord – Stadionrekord – TV-Rekord! Und ein Rekord an Roten Karten! Pele fand sie fad, diese XIV. Weltmeisterschaft. Brasiliens Fußball-Legende vermißte den wirklichen Glanz: »Zuviel Taktik, zuwenig Technik.« Wo ist die Weiterentwicklung seit der Zeit seiner eigenen Wundertaten, da Brasiliens Spielkunst das Maß aller Dinge war? Ein einziger nur, der die Szene beherrschte, der vom »Erdfresser« zum Himmelsstürmer gedieh: Salvatore Schillaci, der Mann aus Messina, verehrt und vergöttert. – Bis Diego kam, dessen ruhmreiches Erbe ihm so gut wie vermacht war. Maradona zerstäubte den azurblauen Traum und tauchte ganz Italien in ein Tränental. So wie zuvor das Land unterm Zuckerhut! Brasilien ade – Italien ade – ade auch Holland – und Kamerun. Ade, ihr Brasilianer Afrikas, ihr, die wahren Künstler am Ball. Ihr wart das Salz für die Coppa mondiale di Calcio. »Der Fußball ist ausgereizt«, klagte Franz Beckenbauer und zog wie vor vier Jahren ins Finale ein. Auch diesmal begleitet vom Glück, doch nicht ohne Geschick, mit einer Mannschaft von anerkanntem Format. Ganz anders als die des Titelverteidigers Argentinien. Deren Format war immer noch gleichbedeutend mit der Form des Diego Armando Maradona, auf dem diesmal die Hand Gottes nicht mehr zu ruhen schien...

Dieter Kürten

BR Deutschland

Das deutsche Italien-Aufgebot. Hintere Reihe von links: Augenthaler, Buchwald, Steiner, Möller, Klinsmann, Pflügler, Berthold. Mitte: Vogts, Osiek, Kohler, Bein, Völler, Köpke, Riedle, Herrmann, Matthäus, Beckenbauer, Maier. Vorn: Littbarski, Häßler, Mill, Aumann, Illgner, Reuter, Thon, Brehme.

Die Kronprinzen des Kaisers

Selten zuvor war sich die Fußball-Nation so einig: Die Mannschaft, die Teamchef Franz Beckenbauer für die »Coppa del Mondo 90« nominiert hatte, war angesichts ihres spielerischen Potentials das Beste, was der Deutsche Fußball-Bund seit dem Gewinn des Weltmeister-Titels 1974 zu bieten hatte.

Schon die Besetzung des Mittelfeldes war vom Feinsten: Häßler, Möller, Matthäus, Littbarski, Bein, Thon – seit Jahren war die Aus-

Franz Beckenbauer, 44, Teamchef, Kaiser, Philosoph (»Fußball ist nur ein Spiel, das wird von den meisten übersehen«), hatte auf dieser WM seinen letzten Auftritt als Chef der deutschen Kicker.

wahl an technisch und spielerisch brillanten Mittelfeldspielern nicht mehr so groß. Jeder einzelne von ihnen ein Interpret moderner Spielkunst. Jeder ein Individualist, ausgestattet aber auch mit ausgeprägtem mannschaftlichen Verständnis. Dazu der Sturm mit Völler, Klinsmann und Riedle. Trickreich, antrittschnell, kopfballstark. Überdurchschnittliche Offensiv-Kräfte gab es im Überfluß. Vorbei die Zeiten, in denen deutsche Fußball-Tugenden mit Kraft, Kampf und Disziplin beschrieben wurden. Diese bieder-deutschen Qualitäten waren so grundlegend von verspieltem Offensivgeist abgelöst worden, daß den Abwehrchef Klaus Augenthaler manchmal das blanke Entsetzen packte. Denn allzu oft wurde aus spielerischer Leichtigkeit gefährliche Leichtfertigkeit.

Aber auch das gehörte zum neuen Image der DFB-Auswahl, die neuerdings von internationalem Flair umweht wurde. Schließlich verdienten allein fünf Spieler aus dem WM-Aufgebot ihren Lebensunterhalt in Italien: Berthold, Völler, Klinsmann, Brehme und Matthäus waren dort zu festen Größen geworden. Sie hatten sich durchgesetzt in der besten Liga der Welt, in unmittelbarer Konkurrenz mit den besten Holländern, Brasilianern und Argentiniern, die für die reichen italienischen Klubs auf Torejagd gehen. Andreas Brehme wurde gar in seinem ersten Italien-Jahr als bester

Unten: Thomas Häßler; 30.05.66; Juventus Turin; 10 Länderspiele.
Rechts: Lothar Matthäus; 21.03.61; Inter Mailand; 72 Länderspiele.

Frank Mill; 23.07.58; Borussia Dortmund; 15 Länderspiele.

Raimond Aumann; 12.10.63; FC Bayern München; 2 Länderspiele.

Stefan Reuter; 16.10.66; FC Bayern München; 15 Länderspiele.

Günter Hermann; 05.12.60; SV Werder Bremen; 1 Länderspiel.

Uwe Bein; 26.09.60; Eintracht Frankfurt; 4 Länderspiele (oben rechts).

Bodo Illgner; 07.04.67; 1. FC Köln; 14 Länderspiele (oben ganz rechts).

Andreas Möller; 02.09.67; Borussia Dortmund; 8 Länderspiele.

Guido Buchwald; 24.01.61; VfB Stuttgart; 30 Länderspiele.

Jürgen Kohler; 06.10.65; FC Bayern München; 25 Länderspiele.

Karlheinz Riedle; 16.09.65; Lazio Rom; 5 Länderspiele.

BR Deutschland

Thomas Berthold; 12.11.64; AS Rom; 33 Länderspiele.

Hans Pflügler; 27.03.60; FC Bayern München; 9 Länderspiele.

Paul Steiner; 23.01.57; 1. FC Köln; 1 Länderspiel.

Andreas Köpke; 12.03.62; 1. FC Nürnberg; 1 Länderspiel.

Rudi Völler; 13.04.60; AS Rom; 61 Länderspiele (unten links).

Pierre Littbarski; 16.04.60; 1. FC Köln; 65 Länderspiele, (unten Mitte).

Jürgen Klinsmann; 30.07.64; Inter Mailand; 16 Länderspiele (unten).

Klaus Augenthaler; 26.09.57; FC Bayern München; 18 Länderspiele.

Andreas Brehme; 09.11.60; Inter Mailand; 49 Länderspiele.

Olaf Thon; 01.05.66; FC Bayern München; 31 Länderspiele.

Ausländer der Liga ausgezeichnet, zwei weitere Nationalspieler, Thomas Häßler und Karlheinz Riedle, sollten nach der WM für Rekordsummen in zweistelliger Millionenhöhe ebenfalls dorthin wechseln.
Ein wirklich erlesener Kreis also, den Franz Beckenbauer zum Ende seiner Aufgabe als Teamchef ins WM-Turnier schickte. Der Mann, den sie Kaiser nennen, präsentierte seinem Volk zum Abschied die Kronprinzen seiner Weltmeister-Generation.

Die Qualifikation

Rudi Völler erzielte am 15. November in Köln den Ausgleichstreffer gegen Wales (rechts außen). Der Völler-Klinsmann-Jubel (oben) jedoch war zu diesem Zeitpunkt noch etwas verfrüht: Der komplizierte WM-Qualifikationsmodus machte einen Sieg unabdingbar, um die Italien-Fahrkarten zu sichern. Und dafür sorgte Thomas Häßler (rechts außen, Mitte).

Das Duell der Gruppenfavoriten Holland und Deutschland am 26. April hatte keinen Gewinner. Oben: Torschütze Riedle contra Hollands Vanenburg. Rechts: Das Möller-Tor aus dem Qualifikationsspiel gegen Finnland in der Oktober-»Nacht von Dortmund«.

Krimi in Köln

Oberflächlich betrachtet schien auch diesmal alles glatt gelaufen zu sein: Zum zehnten Mal in ununterbrochener Folge hatte sich die deutsche Nationalmannschaft für ein Weltmeisterschafts-Turnier qualifiziert. Wie gewöhnlich war sie dabei ohne Niederlage geblieben. Schließlich steht in ihrer gesamten WM-Qualifikations-Bilanz nur eine einzige Niederlage zu Buche, und die lag bereits fünf Jahre zurück – damals, am 16. Oktober 1985, verlor sie in Stuttgart das Qualifikationsspiel gegen die portugiesische Nationalmannschaft mit 0:1.

Doch so reibungslos wie der Blick in die Bilanz vermuten läßt, verlief der Weg nach Italien keineswegs. Noch zwei Monate vor Ende der Qualifikationsspiele verkündeten Schlagzeilen wie diese »Im Moment findet die WM ohne Deutschland statt«. Bis zur letzten der insgesamt 540 Spielminuten mußte die deutsche Mannschaft um ihre WM-Teilnahme bangen, denn der komplizierte Qualifikations-Modus verlangte unbedingt einen Sieg im letzten Spiel gegen Wales. Schon ein Unentschieden hätte alle WM-Pläne zunichte gemacht.

So reduzierte sich die ganze Qualifikation für die deutsche Elf letztlich auf den 15. November 1989. Vergessen waren die guten Leistungen in den Spielen gegen Holland (1:1 in Rotterdam, 0:0 in München), wertlos plötzlich die glanzvollen Siege gegen Finnland (4:0 in Helsinki, 6:1 in Dortmund). Die Entscheidung über Alles oder Nichts mußte im Müngersdorfer Stadion in Köln fallen, wo auch Deutschlands Sportler Nr. 1, Boris Becker, Augenzeuge eines sportlichen Krimis wurde.

Gerade elf Minuten waren abgelaufen, als die frech und unbeschwert aufspielenden Waliser durch Allen in Führung gingen, die der Fußball-Nation den Atem stocken ließ. Dem unstillbaren Torhunger Rudi Völlers (er erzielte den Ausgleich) und Thomas Häßlers erstem Länderspiel-Tor zum 2:1-Endstand war es schließlich zu verdanken, daß die Reise ins nahe Italien nicht in unerreichbare Ferne rückte.

Die Qualifikations-Aufgabe war also gelöst, ungelöst dagegen blieb bis zuletzt das Libero-Problem, das sich wie ein roter Faden durch die gesamte WM-Vorbereitung zog. Teamchef Franz Bekkenbauer, der einst auf dieser Position die Maßstäbe gesetzt hatte, experimentierte mit Holger Fach (in Helsinki und München), mit Thomas Berthold (in Rotterdam und Cardiff) und mit Klaus Augenthaler (in Dortmund und Köln). Unbefriedigende Leistungen (Berthold) und Verletzungen (Fach, Augenthaler) veranlaßten ihn schließlich, den schon 30jährigen Paul Steiner ohne jede Länderspiel-Erfahrung nach Italien mitzunehmen.

Jubel nach der gelungenen Premiere: Mit dem Führungstreffer gegen Wales erzielte Thomas Häßler sein erstes Länderspieltor, und er schoß damit einen der Wege frei, die alle nach Rom führen sollen.

Statistik zur Qualifikation – Europa-Gruppe 4

31.08.88	Helsinki	Finnland – BR Deutschland	0:4 (0:2)
19.10.88	München	BR Deutschland – Holland	0:0 (0:0)
26.04.89	Rotterdam	Holland – BR Deutschland	1:1 (0:0)
31.05.89	Cardiff	Wales – BR Deutschland	0:0 (0:0)
04.10.89	Dortmund	BR Deutschland – Finnland	6:1 (1:0)
15.11.89	Köln	BR Deutschland – Wales	2:1 (1:1)

1. Holland	6	4	2	0	8:2	10:2
2. BRD	6	3	3	0	13:3	9:3
3. Finnland	6	1	1	4	4:16	3:9
4. Wales	6	0	2	4	4:8	2:10

Italien

Land des rosaroten Chaos

Bella Italia – Land der Sonne und des Weins, der schönen Künste und großen Traditionen.
Bella Italia – Land der Werbeprospekte und Postkartenidylle, der Touristen und Träumer.
Bella Italia?
Italien heute – das ist, wie damals, vor zehn Jahren, als ich Deutschlands Gewinn der Europameisterschaft schildern durfte, auch immer noch das Land des Chaos. Das Land der Streiks und Katastrophen, bedroht vom Verfall, von Arbeitslosigkeit und inflationären Regierungskrisen. Die antiken Kunstwerke zerbröseln unter den Einflüssen der Umweltverschmutzung, die Kunst der Gegenwart ist reduziert auf die vielfältigen Formen von Lebenskunst. Das Italien von heute ist vor allem ein Land krasser Widersprüche. Blühende Industriemetropolen wie Mailand und Turin im Norden. Armut unterhalb des Existenzminimums im Süden. Doch so groß die Unterschiede auch sind – eines verbindet alle: Die Liebe zum Fußball. Denn Italien ist auch *das* Land des Fußballs.
Um das zu demonstrieren, hätte es nicht erst der »Coppa del Mondo 90« bedurft, dieser gigantischen Weltmeisterschaft, ein selbst für das fußballverrückte Italien beinahe überflüssiger Luxus. Denn die besten Fußballspieler der Welt treten ohnehin Woche für Woche in italienischen Stadien

Das »Theatrum Flavium«, genannt Kolosseum (links) – gestern Zentrum des kaiserlichen Rom, Schauplatz blutiger Massenveranstaltungen, Steinbruch für Roms berühmte Palazzi, heute bedrohtes Wahrzeichen einer Ewigen Stadt.
Oben: Olympische Sportarten als Skulpturen in Roms Stadio dei Marmi.

Italien

MAILAND
Kultureller und wirtschaftlicher Mittelpunkt Norditaliens, von den Kelten gegründet, von den Hunnen erobert, von den Goten zerstört. Weltliche Berühmtheiten: Scala und AC Mailand; religiöse Berühmtheit: Mailänder Dom, vollendet erst 1858, die drittgrößte Kirche Europas. Tauben, Touristen (rechts) und Souvenirs für fußballverrückte Fans (unten) auf dem Domplatz.

MAILAND
Im 16. Jahrhundert gelangten Seidenraupeneier aus China nach Europa und damit begann am Mittelmeer das Geschäft mit der Seide. Mailand wurde zuerst Seiden-, später Modemetropole (unten).

TURIN
Das antike Taurasia, 1860 bis 1865 erste Hauptstadt Italiens (rechts), wird von den Alpen, vom Po und von Fiat beherrscht.

GENUA
Die Hafenstadt am Golf von Genua mit prächtigen Adelspalästen war jahrhundertelang Zankapfel der Herrschenden.

BOLOGNA
Blick von einem der Geschlechtertürme auf die Altstadt (rechts) und die Kirche San Batolomeo e Gaetano.

PISA
Seit fast 800 Jahren wird er immer schiefer, der Campanile des Doms zu Pisa (links), trotz Zementinjektionen und Touristensperre.

FLORENZ
Der Ponte Vecchio, die Alte Brücke, verbindet Nord- und Südseite der Stadt – aber nur für Fußgänger.

ROM
Die spanische Treppe mit der rätselhaften Berühmtheit; Lieblingsplatz der Müßiggänger aus aller Welt.

FLORENZ
Es begann mit einem kleinen Ort am Arnoufer. Dann kamen die Römer und der Ort machte Karriere. Oben: Blick über die Stadt mit dem Palazzo Vecchio im Vordergrund und dem Dom Santa Maria del Fiore links dahinter.

ROM
Petersplatz, Kolonnaden, Petersdom und Vatikan (oben); Zentrum des Kirchenstaates mit einem Papst, 50 Palästen, 200 Treppen und 10000 Zimmern.

Italien

UDINE
Zentrum der Stadt ist die Piazza della Libertà mit dem Rathaus und der Friedensstatue.

VERONA
Seit fast 2000 Jahren dient die Arena, das Amphitheater auf der Piazza Brà, dem Showbusiness: Gladiatorenkämpfe, Verdis »Aida« und Freiluft-Konzerte (rechts). Das Teatro Romano (unten) aus der Zeit des Kaisers Augustus.

CAGLIARI
Die sardische Stadt mit Karthagos Spuren unter römischen Ruinen. Oben rechts der Seehafen. Darunter: Die Terazza Umberto auf der Bastione San Remy.

PALERMO
Die Stadt auf Sizilien stieg unter Schwert und Fahne des Propheten zu einer der reichsten Städte des islamischen Kulturbereichs auf. Rechts: die Piazza Verdi.

PALERMO
Die Karten sind in Palermo schlecht verteilt (rechts): Die dünne Oberschicht lebt für sich, alle anderen leben irgendwie von- und miteinander, und zugedeckt wird alles von der »omertà«, der Schweigepflicht.

NEAPEL
Der Fußball-Nachwuchs übt im Hinterhof, und Neapel hat viele Hinterhöfe. Das glitzernde Meer ist nicht weit weg, der Vesuv ist nah und die Camorra meist auch.

BARI
Die Hauptstadt Apuliens. Von hier aus brachen mehrfach Kreuzfahrer in Richtung Sonnenaufgang und Heiden auf. Das Bild links zeigt den Fischereihafen bei Sonnenuntergang.

auf: Der Argentinier Maradona, die Brasilianer Careca, Muller und Alemao, die Holländer Gullit, van Basten und Rijkaard, die Deutschen Matthäus, Völler und Klinsmann, gefolgt von Hässler und Riedle, oder Alejnikow aus der Sowjetunion. Sie bestreiten die Spiele für das Volk, auf Geheiß moderner Imperatoren wie Fiat-Boß Gianni Agnelli oder Medien-Riese Silvio Berlusconi. Mit dreistelligen Millionen-Beträgen treiben sie ihre Klubs Juventus Turin und AC Mailand an die Spitze – Millionen, die anderswo dringender benötigt würden.
Doch Zweckmäßigkeit und Rationalität sind nicht gerade italienische Tugenden. Nicht das Beseitigen sondern das Ignorieren von Mißständen ist die Stärke der Italiener. Ich bewundere ihren allgegenwärtigen Charme von Improvisation und Lebenslust, der selbst die bröckelnden Fassaden noch in rosarotes Licht taucht.

Dieter Kürten

Die Auslosung: Maskottchen-Ballett

Kein Mensch vermag schlüssig zu erklären, was denn nun so wahnsinnig spannend an einer Auslosung ist, bei der jene Mannschaften zusammengewürfelt werden, die sich zu Beginn einer Weltmeisterschaft das Leben schwermachen sollen. Es kann nicht an der Handlung selbst liegen, wenn da ein paar tausend Medienmenschen weither angereist kommen, um der Mitwelt aus dem römischen Palazzo dello Sport einen Tatbestand mitzuteilen, den sie tags zuvor in aller Ausführlichkeit im Fernsehen beobachtete – mehr Berichterstatter übrigens, als noch vor zwanzig Jahren die Spiele selbst anschauten. Sind es die Stars der Vergangenheit, die nach einer TV-gerechten Publikumsunterhaltung die Lose ziehen und die Platzziffern bekanntgeben? Oder ist es der Generalsekretär, der flüssig mehrsprachig erklärt, was da vor sich geht? Ist es die gewaltige Show mit den berühmten Sängern und Sängerinnen, dem Chor und jenem Ballett des Maskottchens, das so aussieht, als sei es aus bunten Schuhkartons zusammengebastelt? Als die schöne Sophia Loren im kleinen Roten nach ihrem Auftritt die Bühne verließ, blieb sie mit dem Stöckelschuh hängen – sie sammelte das zierliche Treterchen auf und humpelt von hinnen – für eine Fußballweltmeisterschaft war es ein Bild herrlicher Symbolik.

Ulrich Kaiser

A Gruppe Rom/Florenz

1. Italien
2. Österreich
3. USA
4. CSFR

09.06. Rom, 21.00 Uhr Italien - Österreich	1:0
10.06. Florenz, 17.00 Uhr USA - CSFR	1:5
14.06. Rom, 21.00 Uhr Italien - USA	1:0
15.06. Florenz, 17.00 Uhr Österreich - CSFR	0:1
19.06. Rom, 21.00 Uhr Italien - CSFR	2:0
19.06. Florenz, 21.00 Uhr Österreich - USA	2:1

B Gruppe Neapel/Bari

5. Argentinien
6. Kamerun
7. UdSSR
8. Rumänien

08.06. Eröffnung Mailand, 18.00 Uhr Argentinien - Kamerun	0:1
09.06. Bari, 17.00 Uhr UdSSR - Rumänien	0:2
13.06. Neapel, 21.00 Uhr Argentinien - UdSSR	2:0
14.06. Bari, 17.00 Uhr Kamerun - Rumänien	2:1
18.06. Neapel, 21.00 Uhr Argentinien - Rumänien	1:1
18.06. Bari, 21.00 Uhr Kamerun - UdSSR	0:4

C Gruppe Turin/Genua

9. Brasilien
10. Schweden
11. Costa Rica
12. Schottland

10.06. Turin, 21.00 Uhr Brasilien - Schweden	2:1
11.06. Genua, 17.00 Uhr Costa Rica - Schottland	1:0
16.06. Turin, 17.00 Uhr Brasilien - Costa Rica	1:0
16.06. Genua, 21.00 Uhr Schweden - Schottland	1:2
20.06. Turin, 21.00 Uhr Brasilien - Schottland	1:0
20.06. Genua, 21.00 Uhr Schweden - Costa Rica	1:2

D Gruppe Mailand/Bologna

13. BR Deutschland
14. Jugoslawien
15. VA Emirate
16. Kolumbien

09.06. Bologna, 17.00 Uhr VA Emirate - Kolumbien	0:2
10.06. Mailand, 21.00 Uhr Deutschland - Jugoslawien	4:1
14.06. Bologna, 17.00 Uhr Jugoslawien - Kolumbien	1:0
15.06. Mailand, 21.00 Uhr Deutschland - VA Emirate	5:1
19.06. Mailand, 17.00 Uhr Deutschland - Kolumbien	1:1
19.06. Bologna, 17.00 Uhr Jugoslawien - VA Emirate	4:1

E Gruppe Verona/Udine

17. Belgien
18. Südkorea
19. Uruguay
20. Spanien

12.06. Verona, 17.00 Uhr Belgien - Südkorea	2:0
13.06. Udine, 17.00 Uhr Uruguay - Spanien	0:0
17.06. Verona, 21.00 Uhr Belgien - Uruguay	3:1
17.06. Udine, 21.00 Uhr Südkorea - Spanien	1:3
21.06. Verona, 17.00 Uhr Belgien - Spanien	1:2
21.06. Udine, 17.00 Uhr Südkorea - Uruguay	0:1

F Gruppe Cagliari/Palermo

21. England
22. Irland
23. Holland
24. Ägypten

11.06. Cagliari, 21.00 Uhr England - Irland	1:1
12.06. Palermo, 21.00 Uhr Holland - Ägypten	1:1
16.06. Cagliari, 21.00 Uhr England - Holland	0:0
17.06. Palermo, 17.00 Uhr Irland - Ägypten	0:0
21.06. Cagliari, 21.00 Uhr England - Ägypten	1:0
21.06. Palermo, 21.00 Uhr Irland - Holland	1:1

Für das Achtelfinale qualifizieren sich die jeweils zwei Gruppenbesten, dazu die vier besten Gruppendritten.

Achtelfinale

23.06. Neapel, 17.00 Uhr Kamerun - Kolumbien	n. V.	2:1
23.06. Bari, 21.00 Uhr CSFR - Costa Rica		4:1
24.06. Turin, 17.00 Uhr Brasilien - Argentinien		0:1
24.06. Mailand, 21.00 Uhr Deutschland - Holland		2:1
25.06. Genua, 17.00 Uhr Irland - Rumänien	n. E.	5:4
25.06. Rom, 21.00 Uhr Italien - Uruguay		2:0
26.06. Verona, 17.00 Uhr Spanien - Jugoslawien	n. V.	1:2
26.06. Bologna, 21.00 Uhr England - Belgien	n. V.	1:0

Viertelfinale

30.06. Florenz, 17.00 Uhr Jugoslaw. - Argentinien	n. E.	2:3
30.06. Rom, 21.00 Uhr Italien - Irland		1:0
01.07. Mailand, 17.00 Uhr CSFR - Deutschland		0:1
01.07. Neapel, 21.00 Uhr England - Kamerun	n. V.	3:2

Halbfinale

03.07. Neapel, 20.00 Uhr Italien - Argentinien	n. E.	4:5
04.07. Turin, 20.00 Uhr Deutschland - England	n. E.	5:4

3. Platz

07.07. Bari, 20.00 Uhr
Italien - England 2:1

Finale

08.07. Rom, 20.00 Uhr
Deutschland - Argentinien 1:0

Udine
Mailand
Turin
Verona
250 km
185 km
190 km
Genua
Bologna
Florenz
275 km
Rom
Neapel
250 km
Bari
Cagliari
190 km
Palermo
Vorrunde
Achtelfinale
Viertelfinale
Halbfinale
3. Platz
Finale

Die Stadien

MAILAND
Stadio Giuseppe Meazza; 85 000 Zuschauer. Der Bau mit der Baumkuchen-Architektur (rechts und unten) war Gruppenspiel-Arena des deutschen Teams.

VERONA
Stadio Communale Bentegodi; 45 000 Zuschauer. Wahlheimat der Gruppe E.

UDINE
Stadio Friuli; 43 177 Zuschauer. Gruppe E

BOLOGNA
Stadio Renato Dall'Ara; 40 500 Zuschauer. Gruppe D

GENUA
Stadio Luigi Ferraris; 43 646 Zuschauer. Gruppe C

TURIN
Stadio delle Alpi; 70 333 Zuschauer. Austragungsort der C-Gruppen-Spiele.

ROM
Stadio Olimpico; 84 252 Zuschauer. Gruppe A, Endspiel-Stadion.

FLORENZ
Stadio Communale; 62 844 Zuschauer. Gruppe-A-Spielort.

BARI
Stadio San Nicola (oben links); 60 000 Zuschauer. Gruppe B

NEAPEL
Stadio San Paolo; 85 012 Zuschauer. Das Maradona-Stadion; Gruppe B

PALERMO
Stadio Favorita; 40 298 Zuschauer (wenn es ganz fertig ist). Gruppe F

CAGLIARI
Stadio Sant'Elia; 43 177 Zuschauer. Gruppe F

Eröffnung

MALTA
ARGENTINA

Offizielle Eröffnung der XIV. Fußball-Weltmeisterschaft im Giuseppe-Meazza-Stadion. Von Mailand über Mailand für die Fußball-Welt inszeniert, mit himmelwärts entschwebendem Blumenball (vorhergehende Doppelseite und rechts), mit Mode, Mannequins und Verdi.

Die Kontinente des Planeten Erde (abzüglich Australien) auf dem Laufsteg, symbolisiert durch schöne Frauen, kräftige Farben und berühmte Designer: Asien mit einem satten Gelb (rechts und rechts daneben), bei Afrika (unten) herrschte Schwarz vor.

Argentinische Fans (rechts) vor dem Eröffnungsspiel – noch in bester Stimmung und voller Vertrauen in die Kampfstärke ihres Weltmeisters. Nach dem Spiel kam vermutlich eher der Webber-Song »Don't cry for me, Argentina« aus dem Musical »Evita« in Frage.

Alles strebte nach oben, dem Licht entgegen: Blumenball, Ballons, Rauch der Salutschüsse, die Arme der Fußball-Nymphen (rechts), aber keine weißen Tauben diesmal.

Eröffnung

Kein Mensch hatte mehr an ein Wunder von Mailand geglaubt, als es im April des WM-Jahres im Meazza-Stadion noch wie auf einem Schlachtfeld aussah. Aber dann wurden Mailands neue Türme mit den raffiniert übereinandergeschachtelten Tribünenkonstruktionen doch noch fertig – rechtzeitig für eine Eröffnung ohne Pomp und Getöse. Links werden die Flaggen der teilnehmenden Nationen über das Rasenoval getragen. Unten: Behütetes US-Cowgirl ganz in Rot.

Europagrüne Mannequins. Sie alle erstarrten zu den Triumphmarsch-Klängen von Verdis Aida in der Pose ihres Berufsstandes: Becken voraus, rechte Fußspitze scharf nach außen.

Die Mailander Scala wurde via Stadion-Bildschirm in die Eröffnungsfeier geholt, und die weltberühmte Melodie des Gefangenenchors aus der Verdi-Oper »Nabucco« schwebte über Ränge, Rasen und Kamerun-Fans (oben): Altmeister Verdi contra Neumeister Moroder mit seiner WM-Hymne. Links: Traumtanz um Blumenball und Fußballons, Rasendesign und Dalisches Ambiente mit Ball-Gespielinnen.

Vorrunde

Gruppe A

Die Söhne Italiens

Oh felix austria – was war geworden aus der berechtigten Freude nach den Qualifikationsspielen und dem stabilen Selbstbewußtsein, das man nach den letzten vorbereitenden Begegnungen zu Recht besaß? Kurz bevor dieses Championat in Italien begann, hatten sie daheim in Wien noch den Europameister aus Holland in einer Weise ausgespielt, die allerhöchsten Respekt verlangte. Und dann dies?!

Man kann bei solchen Gelegenheiten immer vom mangelnden Glück oder reichlichen Pech sprechen, aber derartige Erklärungen geraten immer schnell in den Geruch der Ausrede. Pech? Es ist bei solchen Gelegenheiten nie besonders schön, im ersten Spiel auf jene Mannschaft zu treffen, die hier zu Hause ist und zudem noch zu den Favoriten gezählt werden muß. Natürlich wollten die Italiener zum Auftakt glänzen, weil sie sich dann der Unterstützung ihrer Zuschauer im weiteren Verlauf des Turniers sicher sein konnten. Kein Zweifel – es gelang. Und trotzdem: Wenn nicht dieser gerade eben eingewechselte Schillaci den einen Moment unbewacht geblieben wäre, hätte es vielleicht wenigstens das Unentschieden gegeben. ›Wäre‹ und ›hätte‹ und ›könnte‹: Eine Fußballweltmeisterschaft kennt keinen Konjunktiv. Man geht wahrscheinlich noch nicht einmal fehl in der Annahme, daß der Schillaci-Kopfball im ersten Spiel der österreichischen Mannschaft einen Knacks versetzte, von dem sie sich nicht mehr erholte. So etwas spielt im Unterbewußtsein eine Rolle und läßt sich nicht steuern – es kann ja nicht so sein, daß jemand es von heute auf morgen verlernt, einen Zweikampf zu gewinnen oder einen Paß zu schlagen! Aber wie soll man es sonst erklären, daß jemand im Spiel gegen die CSFR urplötzlich seinem Torwart einen Ball hinzuschieben versucht, den dieser nur erreichen kann, wenn er Kopf, Kragen und einen Elfme-

Das Bild zeigt nur drei von ihnen - Giuseppe Giannini, Andrea Carnevale und Nicola Berti - drei von jenen azurblauen Fußball-Helden Italiens, die in der Ewigen Stadt Rom mit Straßentänzen und Hupkonzerten und dem Schlachtruf »I-ta-li-a« gefeiert wurden, als hätten sie bereits nach der Vorrunde den Titel in der Tasche.

Tabelle der Gruppe A

09. 06. 90	Rom	Italien – Österreich	1:0 (0:0)
10. 06. 90	Florenz	USA – CSFR	1:5 (0:2)
14. 06. 90	Rom	Italien – USA	1:0 (1:0)
15. 06. 90	Florenz	Österreich – CSFR	0:1 (0:1)
19. 06. 90	Rom	Italien – CSFR	2:0 (1:0)
19. 06. 90	Florenz	Österreich – USA	2:1 (0:0)

1. Italien	3	3	0	0	4:0	6:0
2. CSFR	3	2	0	1	6:3	4:2
3. Österreich	3	1	0	2	2:3	2:4
4. USA	3	0	0	3	2:8	0:6

Fußballspiel und Schauspielkunst

ter riskiert? Und wie kann man gegen die College-Boys aus den USA nur ein Ergebnis erzielen, mit dem wohl niemand zufrieden sein dürfte?! Schade für diese Mannschaft, die einiges versprach und so wenig hielt.

Man kann nicht von dieser Gruppe reden, ohne die Italiener zu erwähnen. Es heißt, Italiens Männer lieben schöne Frauen, schöne Autos und schönen Fußball – wobei diese Reihenfolge in den Wochen der Weltmeisterschaft sicherlich nicht stimmt. Es heißt weiter, daß man den Söhnen des Landes vom ersten Tag ihres Lebens an versichert, wie wunderbar, wie einmalig, wie klug sie sind – das tun Eltern in anderen Völkern sicherlich auch. Aber man wird bei den Fußballspielen der ›squadra azzurri‹ den Eindruck nicht los, daß sich alle diese Eigenschaften in jenen Vorführungen widerspiegeln, die die Italiener in den Stadien zeigen. Natürlich sind sie herrliche Fußballspieler, aber wenn sie ein Tor erzielen, sieht es oft so aus, als habe die Situation einen geschichtsträchtigen Charakter, der diese Welt verändern wird – als seien sie von der Größe des Augenblicks übermannt und würden über ihr Glück gleich in Tränen ausbrechen. Niemand vermag seine Unschuld so überzeugend darzustellen wie sie: Als im Spiel gegen die Tschechoslowakei ein Italiener den Ball blitzschnell mit der Hand ins Tor

Kniefälle im Spiel Italien gegen Tschechoslowakei (2:0). Walter Zenga hat den Ball vor einem CSFR-Spieler in Sicherheit gebracht (oben). Bild links: Auf den teuersten Fußballer-Beinen der Welt läuft Roberto Baggio vom AC Florenz herum. Italiens Trainer Azeglio Vicini ließ ihn erst im dritten Vorrundenspiel von der Leine.

Linke Seite oben: Italiens sizilianische Geheimwaffe Salvatore Schillaci, Stürmer bei Juventus Turin. Er kam (74. Minute), sah (Italiens verzweifelte Bemühungen) und köpfte (Italiens erstes WM-Tor). Linke Seite: Amerikanische Beine (Windischmann) legen sich Italiens Roberto Donadoni in den Weg.

A

WM-Begegnung: Italien-CSFR. Ort und Zeit: Nacht über dem Stadio Olimpico in Rom. Wichtigstes Ereignis: erster Auftritt des neuen italienischen Traumduos Schillaci-Baggio auf der WM-Bühne. Das Bild zeigt CSFR-Stürmer Knoflicek (17) vor Zengas Tor, aber dank Baresi (2) und Bergomi (3) und anderen Abwehr-Azzurri war kein Durchkommen. Rechte Seite unten: Österreichs Mittelfeldspieler Hörtnagl bringt im Spiel gegen Italien seine Enttäuschung zum Ausdruck.

lenkte, war er fassungslos, als der Schiedsrichter dafür die Gelbe Karte zeigte. Und wenn einer von ihnen grob gerempelt wird, erkennt man neben dem Schmerz ungläubiges Staunen: Wie kann es jemand wagen, meine Kreise so plump zu stören? Nein – bei allem Sinn für Melodramatik ist es sicherlich nicht so, daß sie ihre Gefühle nur spielen – ich glaube, daß sie in dem Moment tatsächlich so empfinden.

Zurück zu den Spielen dieser Gruppe: Auch Italiens Euphorie nach dem ersten Spiel wuchs nicht in den Himmel. Als man gegen die Amerikaner anzutreten hatte, die ja 1994 als Gastgeber auftreten werden, rutschte man nur mit einigem Glück an einem Unentschieden vorbei, das für die Boys aus den Universitäten noch nicht einmal unverdient gewesen wäre. Natürlich – gewonnen ist gewonnen, aber man braucht auch etwas Glanz, wenn man zu Hause spielt und die eigenen Zuschauer einen Teppich der Sympathie ausbreiten – Vorschuß auf die Lorbeeren. Die Nützlichkeit solcher Warnungen ist eminent – und die CSFR bekam das zu spüren; aber hier hatte man bereits das gewonnen, was zu gewinnen war, und sich darauf eingestellt, daß ein zweiter Platz in der Gruppe völlig ausreichend war, um das Achtelfinale zu erreichen. Was allerdings nichts daran änderte, daß Italiens große Zeitungen mit der alles überdeckenden Schlagzeile »BRAVA ITALIA« ihren Lesern mitteilten, was sie und auch die Spieler eh' schon immer gewußt haben: Sie sind die Größten, Herrlichsten, Klügsten, Besten.

Dieter Kürten

Italienische Lyrik

Natürlich hört man aus dieser Entfernung nicht, was sie sagen, aber es muß sich um allerfeinste Lyrik handeln. Sie besitzen alle solche Namen wie dieser Andrea Carnevale, die so klingen wie das, was die Gondolieres in Venedig in schönstem Tenor singen – und als sie an diesem Abend gegen die Österreicher zu spielen hatten, rezitierte Carnevale die herrlichsten Verse. Man kann es – wie gesagt – aus dieser Distanz nicht verstehen, aber Italiener sprechen mit den Händen. Dieser Mann mit den dunkelbraunen Locken brachte es fertig, während des schnellsten Sturmlaufs seinem Publikum mitzuteilen, daß das Championat jetzt begonnen habe, daß diese Nacht über Rom ihm gehöre, daß seine Taten nicht nur dem Augenblick gewidmet seien, sondern der Ewigkeit. Aber wenn seine Gesten dem Höhepunkt des Hexameters zueilten, stand da der Torwart der Österreicher, zwei-, drei-, fünfmal, und unterbrach den Vers. Oder es kam jemand, der dem Dichter den Stuhl wegzog, so daß er sich mit dem Blick eines waidwunden Rehs auf dem Boden wiederfand. Gut zwanzig Minuten vor dem Ende nahm der Trainer den Carnevale vom Feld und schickte statt dessen einen grobschlächtigen Kerl namens Schillaci herein, der mit borstigem Kopf wenige Sekunden später den Ball ins Tor beförderte. Ganz ohne Lyrik. *Ulrich Kaiser*

Italien: Ein Feuerwerk der Ideen – aber die Chancen im Dutzend vergeben

Im vierten WM-Spiel erstmals ein ausverkauftes Stadion. 84000 Zuschauer drängten ins größte der 12 WM-Stadien, ins Olympiastadion von Rom. Kein Wunder, schließlich griff Gastgeber Italien endlich in das Geschehen ein.

Obwohl der teuerste Spieler der Welt, Stürmer Roberto Baggio, nur auf der Bank saß, brannten die Italiener von der ersten Minute an ein spielerisches Feuerwerk ab, das farbiger nicht hätte sein können. Gianluca Vialli spielte mit Österreich Katz und Maus, Giuseppe Giannini dribbelte wie durch Fahnenstangen, und Andrea Carnevale schoß aus allen Lagen. Italiens Spiel hatte Tempo und Klasse, Spielwitz und Torgefährlichkeit wie nie zuvor in einem WM-Auftaktspiel.

Und die hochgelobten Österreicher, die nach hervorragenden Testspielen schon als Geheimtip gehandelt wurden? »Bei allem Talent meiner Mannschaft – sie wird bestimmt noch Anfängerfehler machen«, hatte Österreichs Teamchef Josef Hickersberger vorsorglich gewarnt. Wie recht er hatte. Das einzige, was im österreichischen Spiel funktionierte, war die Abseitsfalle. Darüber hinaus waren die ungelenk wirkenden Verteidiger hoffnungslos überfordert. Ihre Fehlerquote wurde nur korrigiert durch Italiens Pech im Torschuß und die fehlerfreie Leistung von Torwart Klaus Lindenberger. Er parierte die hochkarätigen italienischen Chancen gleich im Dutzend und war am Gegentor durch den eingewechselten Schillaci schuldlos.

1:0

A

9. Juni 1990 in Rom (0:0)
Italien: Zenga, Baresi, Bergomi, Ferri, Maldini, Ancelotti (46. De Agostini), De Napoli, Donadoni, Giannini, Carnevale (74. Schillaci), Vialli.
Österreich: Lindenberger, Aigner, Pecl, Schöttel, Russ, Artner (61. Zsak), Streiter, Linzmaier (77. Hörtnagl), Herzog, Ogris, Polster.
Schiedsr.: Ramiz Wright (Brasilien).
Tor: 78. Schillaci.
Zuschauer: 84 000.

Linke Seite: Duell der Kapitäne Anton Polster (er hält sich im Hintergrund) und Giuseppe Bergomi (er spielt sich in den Vordergrund).

Vorschußlorbeeren aber kein Glück hatte Italiens Stürmer Gianluca Vialli. Auf dem Bild oben hält sich Österreichs Michael Streiter an ihm fest.

Er kam, sah und siegte, der Sizilianer Salvatore (»Retter«) Schillaci. Er erzielte nach einer Flanke von Vialli das einzige Italien-Tor.

Erst zwölf Minuten vor dem Schlußpfiff hatte Schillaci seinen Kopf an die richtige Stelle gehalten. Von links: Schillaci, Maldini und Donadoni mit ihrer Ode an die Freude oder an die Erleichterung.

1:5

10. Juni 1990 in Florenz (0:2)
USA: Meola, Trittschuh, Windischmann, Stollmeyer (64. Balboa), Armstrong, Harkes, Ramos, Murray (77. Sullivan), Caligiuri, Vermes, Wynalda.
CSFR: Stejskal, Kadlec, Kocian, Straka, Chovanec, Hasek, Bilek, Kubik, Moravcik (82. Weiss), Skuhravy, Knoflicek (76. Luhovy).
Schiedsr: Rothlisberger (Schweiz).
Tore: 26. Skuhravy, 40. Bilek, 50. Hasek, 60. Caligiuri, 78. Skuhravy, 90. Luhovy.
Platzverweis: 52. Wynalda.
Zuschauer: 33 266.

USA: Jugendliche Ungeduld ermöglichte ein Tore-Festival

USA - CSFR

Es war eine Mischung aus amerikanischer Überheblichkeit und Draufgängertum, mit dem die Spieler der USA ihren Trainer Bob Gansler aufgefordert hatten, die geplante Defensiv-Taktik aufzugeben und ihnen mehr Freiräume für eigene Angriffe zuzugestehen. Sie sahen ohnehin keine Chance, bei ihrer ersten WM-Teilnahme seit genau 40 Jahren die Vorrunde zu überstehen. Aber sie wollten wenigstens ihren Spaß haben.
Hätten die Tschechoslowaken allerdings das freizügige Angebot der Amerikaner konsequent genutzt, dann wäre denen der Spaß wohl gründlich verdorben worden. Immer wieder taten sich in der unerfahrenen US-Abwehr riesige Lücken auf, doch die CSFR-Spieler beschränkten sich auf Fernschüsse und Einzelaktionen, anstatt mit Kombinationen in diese Lücken einzudringen. Nur das 1:0 durch Tomas Skuhravy entsprang einer schnellen Doppelpaß-Kombination mit Lubomir Moravcik. Das zweite Tor resultierte aus einem Foulelfmeter, die Tore Nummer drei und vier fielen jeweils im Anschluß an einen Eckstoß, und der fünfte Treffer gelang erst, als die Amerikaner nach dem Platzverweis von Eric Wynalda jegliche taktische Disziplin aufgegeben hatten.
Selbstbewußt und dem Gegner konditionell fast ebenbürtig, fehlte der mit einem Durchschnittsalter von 23 Jahren jüngsten Mannschaft des WM-Turniers vor allem spieltaktische Erfahrung, um mehr zu erreichen als den Ehrentreffer durch den schon beim Hamburger SV und SV Meppen tätigen Paul Caligiuri.

Zweikampfstark (American football), unbeschwert und etwas aggressiv (American Way of Life) trat das US-WM-Team an – und wurde überrollt. Linke Seite: Trittschuh (2) beim WM-Rock'n Roll. Oben: Das 4:1 durch Skuhravy (10), »Bic Mac« Meola war machtlos. Vorn Elfmeterschütze Bilek.

ITALIEN - USA

1:0

14. Juni 1990 in Rom (1:0)
Italien: Zenga, Baresi, Bergomi, Ferri, Maldini, Berti, De Napoli, Giannini, Donadoni, Carnevale (51. Schillaci), Vialli.
USA: Meola, Doyle, Banks (80. Stollmeyer), Windischmann, Armstrong, Balboa, Harkes, Ramos, Caligiuri, Vermes, Murray (82. Sullivan).
Schiedsr: Codesal Mendez (Mexiko).
Tor: 11. Giannini.
Zuschauer: 73 300.

Die Angst der Schützen beim Elfmeter

Wie ein Fels in der Brandung – so stand er da, dieser Tony Meola. Zwei Meter groß, mehr als zwei Zentner schwer. »Big Mac« nennen sie ihn zu Hause in den USA. Seine Augen blitzten herausfordernd, seine Gesten verrieten Selbstvertrauen.
Die Proportionen schienen verschoben, das Tor erschien plötzlich ganz klein, als Italiens Stürmerstar Gianlucca Vialli zum Elfmeterduell gegen diesen Torwart-Hünen antrat. Und Vialli ließ sich tatsächlich beeindrucken. Er wollte ganz sicher gehen und hatte die äußerste linke Ecke anvisiert, doch er traf nur den Pfosten. Schon im ersten Spiel hatte einer vergeblich versucht, den amerikanischen Torwart Meola per Elfmeter zu bezwingen. Um den WM-Neuling lächerlich zu machen, hatte der Tschechoslowake Michal Bilek in die Mitte des Tores geschlenzt, doch Meola war darauf nicht hereingefallen.
Bilek, der Jugoslawe Faruk Hadzibegic, Uruguays Ruben Sosa und nun auch Gianlucca Vialli – sollte dieses Turnier zum Elfmetergrab werden? Von den ersten fünf Strafstoßschützen hatte nur der Ägypter Magdy Abdel Ghani verwandelt. Viallis vergebene Chance fügte sich jedenfalls nahtlos in die schwache Leistung ein, die Italiens Topfavoriten gegen die Studenten-Truppe aus den USA boten. Technisch und spielerisch überlegen, ohne jedoch zu brillieren, begnügten sich die Italiener nach ihrer Führung damit, Spiel und Gegner mit Minimalaufwand zu kontrollieren.

Andrea Carnevale bei einem vergeblichen Fallrückzieher, bevor er wieder einmal für Italiens sizilianische Geheimwaffe Schillaci das Feld räumen mußte. Die US-Ehrengarde mit Balboa, Harkes und Doyle (linke Seite). Links begutachtet »Big Mac« Meola das WM-Leder, das nach einem Kopfball von Maldini auf dem Netz landete.

Gillette
JVC VID
PHIL

0:1

15. Juni 1990 in Florenz (0:1)
Österreich: Lindenberger, Aigner, Pecl, Pfeffer, Schöttel (46. Streiter), Russ (46. Ogris), Zsak, Hörtnagl, Herzog, Polster, Rodax.
CSFR: Stejskal, Kadlec, Kocian, Hasek, Bilek, Chovanec (31. Bielik), Kubik, Moravcik, Nemecek, Skuhravy, Knoflicek (81. Weiss).
Schiedsrichter: Smith (Schottland).
Tor: 31. Bilek.
Zuschauer: 38 962.

CSFR: Höhenflug aus Egoismus

Im Verlauf des WM-Turniers verging kein Tag ohne Meldungen vom Ausverkauf der CSFR-Mannschaft. Trainer Dr. Josef Venglos hatte seinen Rücktritt schon vor der WM angekündigt, weil ihn eine Aufgabe im Ausland reizte, und auch die Spieler machten keinen Hehl aus ihren Auslandsplänen. Acht Nationalspieler waren ohnehin schon im Westen unter Vertrag, die anderen wollten sich während der WM finanzkräftigen Klubs empfehlen. Die Nationalmannschaft profitierte von den egoistischen Eigeninteressen. Bemüht, den eigenen Marktwert so weit wie möglich zu steigern, erreichten die Tschechoslowaken auch als Mannschaft ein unerwartet hohes Niveau. Selbst die vorab so hochgelobten Österreicher waren davon überrascht. Schon im Auftaktspiel gegen Italien erstaunlich schwach, waren sie auch der CSFR in allen Belangen unterlegen und hätten wesentlich höher verlieren können, hätte nicht Torwart Klaus Lindenberger die vielen Fehler seiner Vorderleute immer wieder wettgemacht. Ihm war zu verdanken, daß nur dieses eine Elfmeter-Tor fiel, mit dem sich die CSFR erstmals nach 28 Jahren wieder für die zweite Runde einer WM qualifizieren konnte.

Es war weder die Zahl der gelungenen Aktionen noch der mißlungenen Reaktionen, sondern die Anzahl der gelben Karten (7), die dieses Österreich-CSFR-Rasen-Happening bemerkenswert machte. Österreichs Torwart Lindenberger war für das Elfmeter-Foul verantwortlich und erhielt von Michal Bilek (links im Bild) postwendend die Quittung.

A

2:0

19. Juni 1990 in Rom (1:0)
Italien: Zenga, Baresi, Bergomi, Ferri, Maldini, Berti, De Napoli (65. Vierchowod), Giannini, Baggio, Donadoni (51. De Agostini), Schillaci.
CSFR: Stejskal, Kadlec, Kinier, Hasek, Bilek, Chovanec, Moravcik, Weiss (58. Griga), Nemecek (46. Bielik), Skuhravy, Knoflicek.
Schiedsrichter: Quiniou (Frankreich).
Tore: 9. Schillaci, 77. Baggio.
Zuschauer: 73 303.

Mit Glück und dem Schiedsrichter (er annulierte ein CSFR-Tor) konnte Italiens Schlußmann Walter Zenga sein Tor sauber halten (links). Unten: Aus einer ähnlichen Konstellation heraus wie auf dem Bild erzielte Salvatore »Toto« Schillaci (19) sein Kopfball-Tor und half den Kampf um Rom (und das Olympia-Stadion) gewinnen. Ganz unten: Die Jubel-Azzurri Zenga und Franco Baresi.

Italiens Abwehr garantiert den Erfolg, aber die Stürmer ernten den Lorbeer

Nach diesem Spiel schien klar: Das Italien des Jahres 1990 war nicht nur ein Paradies für Fußballspieler, es mußte auch ein Schlaraffenland für einen Nationaltrainer sein. Wie kein anderer Trainer der Welt konnte Azeglio Vicini aus einer Fülle hochmotivierter, überdurchschnittlicher Spieler wählen. Zwei Spiele lang leistete er es sich sogar, den 23jährigen Stürmer Roberto Baggio auf der Ersatzbank sitzen zu lassen. Baggio, der nach der WM für eine nicht genau genannte Rekordsumme zwischen 25 und 30 Millionen Mark vom AC Florenz zu Juventus Turin wechselte, durfte erst gegen die CSFR an der Seite von Salvatore Schillaci stürmen. Gianluca Vialli und Andrea Carnevale, das brandgefährliche, bis dahin aber erfolglose Duo, wurde kurzerhand ausgemustert. Der gnadenlose Konkurrenzkampf erlaubte keine Schwächen.

Doch auch Baggio und Schillaci knüpften zunächst dort an, wo Vialli/Carnevale aufgehört hatten: Chancen im Dutzend, aber keine Tore. Und die CSFR blieb mit ihren Kontern stets gefährlich. Es war ein hochklassiges WM-Spiel, das erst entschieden wurde, als die leidenschaftlichen Angriffe von Schillaci und Baggio endlich Erfolg hatten. Mit je einem Treffer rechtfertigten beide ihre Nominierung und die Favoritenrolle Italiens, das mit nur vier Toren, aber 6:0 Punkten ins Achtelfinale einzog. Die Basis für diesen Erfolg aber lieferte wohl die Abwehr, die schon im achten Spiel hintereinander ohne Gegentor blieb.

Oben: Seine Dribbelkünste führten zum zweiten Tor für Italien, Roberto Baggio. Der Fußball-Welt teuerster Spieler durfte endlich die Reservebank verlassen und seine gut bezahlte Ballarbeit leisten.

2:1

19. Juni 1990 in Florenz (0:0)
Österreich: Lindenberger, Aigner, Pecl, Pfeffer, Artner, Streiter, Zsak, Herzog, Polster (46. Reisinger), Ogris, Rodax (84. Glatzmayer).
USA: Meola, Doyle, Banks (55. Wynalda), Windischmann, Armstrong, Balboa, Harkes, Ramos, Caligiuri (70. Bliss), Vermes, Murray.
Schiedsrichter: Al-Sharif (Syrien).
Tore: 49. Ogris, 63. Rodax, 83. Murray.
Platzverweis: 33. Artner.
Zuschauer: 34 857.

Gegner und Regeln mißachtet: Neun Verwarnungen und ein Platzverweis

ÖSTERREICH - USA

Österreichs WM-Aktivitäten im sonnigen Italien waren jeweils von einer beachtlichen Anzahl gelber Karten begleitet. Auch die US-Boys (linke Seite Desmond Armstrong und John Doyle mit Anton Polster) waren nicht eben zimperlich. Unten: US-Kapitän Michael Windischmann nach einem Austria-Foul.

Jubel oder Tröstung, das ist hier die Frage. Österreichs Andreas Reisinger (16) mit dem 2:0-Torschützen Gerhard Rodax, Stürmerstar von Admira-Wacker in Wien.

Zweieinhalb Spiele lang war Österreich als einzige Mannschaft des Turniers ohne Tor geblieben. Was war los mit den hochgelobten Angreifern? Mit dem schnellen Andy Ogris, mit Torjäger Gerhard Rodax und vor allem mit Toni Polster, der für seinen Klub FC Sevilla als einer der erfolgreichsten Stürmer Europas immerhin 33 Tore erzielt hatte. Sie überboten sich in Hilflosigkeit und wußten spätestens beim torlosen Halbzeitergebnis gegen die Studenten aus den USA, daß sie der Heimreise näher waren als dem Achtelfinale.

Nahtlos hatten sie an die unzureichenden Leistungen aus den beiden ersten Spielen angeknüpft. Nur ihr rücksichtsloser Umgang mit dem Gegner erfuhr noch eine Steigerung. Die Amerikaner, traditionell an körperbetonte Spiele gewöhnt, wähnten sich häufig eher beim rauhen American Football denn beim Soccer. Und sie hielten dagegen. Die Bilanz dieses Football-Spiels: Vier Verwarnungen für die USA, fünf gelbe Karten und ein Platzverweis für Österreich. Damit ist das Niveau dieser kampfbetonten, zerfahrenen Begegnung bestens beschrieben.

Es war schließlich Andy Ogris zu verdanken, daß die Österreicher sich zwischendurch wieder mehr auf sportliche Angriffe als auf körperliche Attacken konzentrierten. Sein Alleingang zum 1:0 war der Auftakt einer viertelstündigen Drangperiode, die aber schon nach dem 2:0 durch Gerhard Rodax wieder beendet war.

Gruppe B

Notizen mit Fußnoten

In dieser Geschichte hätte eigentlich das Loblied auf Diego Maradona gesungen werden sollen – auf den kleinen Mann, der mit dem Ball so umgehen kann, wie kein anderer. Als die Argentinier 1986 in Mexiko siegten, sprach man davon so, als sei er es alleine gewesen – und es war wohl in der Tat so, daß der Unterschied zu anderen guten Mannschaften allein bei diesem Mann lag. Hatte sich daran etwas geändert in vier Jahren?

Sie begannen diese Weltmeisterschaft in Mailand und das erste Opfer der Argentinier sollte Kamerun werden – die Afrikaner, von denen keiner einen großen Ruf besaß; irgendjemand aus Afrika muß ja mitspielen bei diesem Turnier. Maradona und die Seinen spielten so, wie Favoriten oft spielen gegen Außenseiter: Da will man sich nicht wehtun, da schiebt man sich den Ball zu, da vergibt man lächelnd Torchancen, weil man sicher ist, es kommen andere Gelegenheiten. Man ließ sich auch nicht warnen, wenn die aus Kamerun mit zwei, drei Spielzügen hin und wieder gar nicht so ungefährlich vor das eigene Tor kamen. So als ob man sagen wollte: Die werden sich doch nicht getrauen! Aber auf einmal begann die Zeit wegzulaufen – auf einmal wurde aus der Ruhe Zappeligkeit – auf einmal stand einer namens Omam-Biyik da und köpfte den Ball gegen das Knie des argentinischen Torhüters, von wo er ins Tor kullerte. Dann war es vorbei – noch nie hat eine Fußball-Weltmeisterschaft mit einem solchen Paukenschlag begonnen.

Nein – es kann nicht so sein, daß aus der Geschichte über den Weltmeister aus Argentinien nun eine Geschichte über die Spieler aus Kamerun wird. Es wird eine Geschichte, die aus lauter Fußnoten besteht. Eine beispielsweise handelt immer noch von diesem ersten Spiel und besagt, daß Kamerun am Schluß nur noch neun Spieler auf dem Platz hatte: Der

Er heißt Albert-Roger Milla und wurde im April 1952 in Kameruns Hauptstadt Yaounde geboren. Beruf: Fußballspieler, Frührentner und WM-Aktivist. In seinem Paß steht »Miller«, aber »alle nennen mich Milla«. Er lebte zuletzt auf der Insel La Réunion. Auf Geheiß seines Staatspräsidenten packte er seine Fußballschuhe ein, ging zur Italien-WM und bezwang die Rumänen mit 2:0.

Tabelle der Gruppe B

08.06.90	Mailand	Argentinien – Kamerun	0:1	(0:0)
09.06.90	Bari	UdSSR – Rumänien	0:2	(0:1)
13.06.90	Neapel	Argentinien – UdSSR	2:0	(1:0)
14.06.90	Bari	Kamerun – Rumänien	2:1	(0:0)
18.06.90	Neapel	Argentinien – Rumänien	1:1	(0:0)
18.06.90	Bari	Kamerun – UdSSR	0:4	(0:2)

1. Kamerun	3	2	0	1	3:5	4:2
2. Rumänien	3	1	1	1	4:3	3:3
3. Argentinien	3	1	1	1	3:2	3:3
4. UdSSR	3	1	0	2	4:4	2:4

B

Die gelbe Karte ist kein Joker

Viel Lärm um nichts, große Theatralik und gestenreiche Clownerie – ist das der Abschied des Stars Maradona (Bild oben)? Unten: Es bedurfte im Normalfall nicht so vieler Russenbeine (Nr. 2 ist Bessonow), um Argentiniens Claudio Paul Caniggia zu Fall zu bringen. Bisweilen schien er über Gräser zu stolpern.

Schiedsrichter hatte Kana-Biyik und Massing wegen Foulspiels vom Platz gestellt, wobei man wenigstens bei einem der beiden Urteile seine Zweifel haben konnte. Beide Vergehen, die zum Ausschluß führten, wurden gegen den Argentinier Caniggia begangen – und dieser Caniggia erlebte es ein paar Tage später im Spiel gegen die Sowjetunion, daß erneut ein Gegner vom Platz gestellt wurde, der ihn foulte. Ein seltsamer Rekord, der auch Fragen aufwirft: Ist Caniggia einer, der besonders eindrucksvoll zu fallen versteht? Oder ist es seine Schnelligkeit, die – wenn sie plötzlich gestoppt wird – zu solch' furchterregenden Stürzen führt? Oder gaben die Schiedsrichter dem Weltmeister einen Bonus?
Der Verdacht zu der letzten Frage verstärkte sich nicht nur in den Spielen dieser Gruppe, aber hier wurde er besonders offenbar. Der so ausschweifend gelobte Maradona schlug im Spiel gegen die UdSSR einen Ball mit der Hand von der Linie des eigenen Tores, jedermann sah es, nur der schwedische Schiedsrichter nicht. Da es zu diesem Zeitpunkt noch 0:0 stand, hätte das Spiel mit Sicherheit einen anderen Verlauf genommen. Und eine Fußnote zur Fußnote: Wer erinnert sich denn nicht noch an jene »Hand Gottes«, mit der Maradona vier Jahre zuvor die Niederlage der Engländer einleitete? Die Duplizität der Fälle versetzt dem Lack des Stars einige Kratzer.
Und was die Schiedsrichter anbetrifft: Als die Argentinier schließlich nach dem mühsamen Erfolg gegen die Sowjets zuletzt gegen Rumänien zu spielen hatten, verteilte der dieses Mal aus Portugal kommende Unparteiische reichlich gelbe Karten an die Männer vom Balkan – und erst als diese nahezu alle nach schweren Schlägen herumhumpelten, hielt er es für angebracht, auch einigen Argentiniern diese Warnung zukommen zu lassen. Sicherlich ist es schwer für die Unparteiischen, die da in Sekundenschnelle Zeuge und Richter in einer Person sein

müssen, während unsereiner sich die detaillierten Bilder in der verlangsamten Aufnahme auf dem Fernsehschirm anschauen kann – aber die große Zahl der Irrtümer, die hier zutage traten, verlangt nach einer Besserung.
Fußnoten sind auch folgende Notizen: Der 38jährige Albert-Roger Milla, den Kamerun von der Insel La Réunion holte, der dann ganz allein Rumänien bezwang. Oder Kameruns sowjetischer Trainer Nepomniaschi, der im Rahmen der Völkerfreundschaft aus Sibirien nach Afrika geschickt wurde, sich mit seinen Spielern überhaupt nicht zu verständigen vermochte und auf einmal das war, was man einen Erfolgreichen nennt – Gruppensieger gar! Oder daß die Sowjets als Letzte schon heimfahren mußten – zwei Jahre, nachdem sie bei der Europameisterschaft so geglänzt hatten. Nirgendwo vergeht die Zeit so schnell wie beim Sport und seinen Akteuren – aber aus dem immer wieder Neuen ergibt sich wohl auch sein Reiz.

Dieter Kürten

Die Rumänen Lacatus und Timofte (oben) hatten, im Gegensatz zum russischen Stürmer Protassow (oben links), nach der Vorrunde gut lachen. Stürmerstar Marius Lacatus hatte zu dem Zeitpunkt schon einen Drei-Jahres-Vertrag mit dem AC Florenz in der Tasche.

Oh Maradona

Eines der beliebtesten Spiele unter den Fußball-Fans heißt: »Was wäre, wenn ...?« Zum Beispiel: Was wäre gewesen, wenn damals, vor vier Jahren in Mexiko, der Schiedsrichter erkannt hätte, daß Diego Maradona gegen die Engländer den Ball mit der Hand ins Tor von Peter Shilton schlug? Oder: Was wäre gewesen, wenn jetzt in Neapel der Schiedsrichter gesehen hätte, wie Maradona gegen die Sowjets den Ball mit der Hand von der Linie des eigenen Tores schlug? Wären sie damals vielleicht doch nicht Weltmeister geworden? Wären sie jetzt gar schon ausgeschieden nach dem Fiasko gegen Kamerun und einer eventuellen Niederlage gegen die Nationalelf der UdSSR? Jeder weiß, wie es ausging – mit Hilfe Maradonas, dessen Hände sich für seine Mannschaft als genauso segensreich erwiesen wie die Beine, die hochversicherten. Der kleine Mann mit den Gewichtsproblemen, der jeden Körperkontakt mit dem Gegner als persönliche Beleidigung anzusehen scheint, der dem Schiedsrichter manchmal die richtige Regelauslegung beibringen möchte und der verständnislos den Kopf schüttelt, wenn man ihm nicht den geforderten Respekt entgegenbringt, wäre sicherlich nicht nur der beste Fußballspieler der Welt, wenn er nicht ... Jetzt ist er ein vom Talent verwöhntes Schlitzohr.

Ulrich Kaiser

Sie sind das Salz in der WM-Suppe. Ihre Begeisterungsfähigkeit ist erstaunlich, ihre Kreativität so grenzenlos wie ihre Motivation, ihre Stammeszugehörigkeit durch Farben und phantastisches Dekor klar ersichtlich: Fans. Und das Lexikon definiert kühl: Fans, verkürzt aus dem englischen »fanatic«, begeisterter Liebhaber.

0 : 1

08. Juni 1990 in Mailand (0:0)
Argentinien: Pumpido, Fabbri, Lorenzo, Sensini (69. Calderon), Ruggeri (46. Caniggia), Simon, Batista, Basualdo, Burruchaga, Maradona, Balbo.
Kamerun: N'Kono, Massing, Ebwelle, Kunde, Tataw, N'Dip, Kana-Biyik, M'Bouh, M'Fede (66. Libiih), Makanaky (81. Milla), Omam-Biyik.
Schiedsrichter: Vautrot, (Frankreich).
Tor: 67. Omam-Biyik.
Platzverweise: 61. Kana-Biyik, 88. Massing. – Zuschauer: 73 000.

Trotz zweier Platzverweise - Kamerun düpiert den Weltmeister

Die 14. Fußball-Weltmeisterschaft war gerade eine Stunde alt, als das bis dahin schon lebhafte Geschehen innerhalb von fünf Minuten richtig turbulent wurde. Fünf aufregende Minuten, die in der 61. Minute mit einem Platzverweis für Kameruns Mittelfeldspieler André Kana-Biyik begannen und mit einem Kopfball-Tor von Francois Omam-Biyik endeten.
Es waren aber auch fünf richtungweisende Minuten, in denen der französische Schiedsrichter Michel Vautrot die vom Weltverband FIFA für die WM verordnete harte Linie konsequent umsetzte: Ohne Vorwarnung stellte er Kana-Biyik nach einem relativ harmlosen Foul an Claudio Caniggia vom Platz. Zwei Minuten vor Schluß sprach er gar einen zweiten Platzverweis gegen Kameruns Benjamin Massing aus.
Richtungweisend auch die Spielkunst der Kameruner, die keineswegs hart oder unfair spielten – auch wenn die zwei Platzverweise den Eindruck erwecken. Tatsächlich imponierten sie mit ausgereifter Technik und durchdachten Kombinationen und bestraften die einfallslosen Argentinier stellvertretend für all jene, die immer noch glaubten, Kamerun sei ein sogenannter Fußballzwerg. Mit nur zehn, am Ende gar nur neun Spielern erhob sich dieser Zwerg zu beeindruckender Größe und die argentinischen Weltmeister durften froh sein, nicht noch höher verloren zu haben.

Kameruns WM-Kicker sorgten dafür, daß Argentiniens Mannschaft schwarz sah. Afrikanische Freude nach dem Siegestreffer in der 67. Spielminute mit Kunde und Kapitän Tataw (stehend), M'Bouh (kniend), Omam-Biyik (sitzender Torschütze) und Pechvogel Massing (aus dem Bild, später vom Platz laufend).

ARGENTINIEN - KAMERUN

B

Zehn Spieler aus Kamerun gegen elf Titelverteidiger. Omam-Biyik (links, am Ball) köpfte an Pumpido vorbei ins Argentinien-Tor. Verteidiger Sensini (links, am Boden) kam zu spät. Unten: Rouge et noir, rote Karte für Benjamin Massing. Unten Mitte: Keinen Respekt vor Maradona zeigte Massing und das gab den Argentiniern Maradona und Sensini sehr zu denken (ganz unten).

Rumäniens Sabau (ganz in rot) und der sowjetische Mittelfeldler Dobrowolski Arm in Arm beim Abwehr-Tango. Die nur 20 000 Zuschauer sahen einen russischen Bären, der entweder satt, müde und reich oder bereits wieder im Winterschlaf war.

Rumänien: Der Traum vom Profivertrag im Westen

Die Rumänen hatten in den Monaten vor der WM wahrlich andere Sorgen als den Fußball. Die revolutionären Aktivitäten im Osten Europas hatten in Rumänien unvorstellbare Grausamkeiten des Ceausescu-Regimes, aber auch die extreme Armut in diesem Land offenbart. Die Teilnahme an der Weltmeisterschaft, für die sich das Land erstmals seit 1970 wieder qualifiziert hatte, wurde nur durch internationale finanzielle Hilfe ermöglicht.

Analog zur befreiten politischen Situation trumpften auch die Fußballspieler wie befreit auf. Nichts war geblieben von der statischen Taktik früherer Jahre. Die einst so mächtigen Brüder aus der UdSSR gaben zwar eine halbe Stunde lang den Ton an, konnten die Rumänen aber auch mit drei Riesenchancen durch Protassow, Sawarow und Raz nicht nachhaltig beeindrucken.

Statt dessen initiierten die Rumänen, angeführt von Spielmacher Iosif Rotariu, gefährliche Gegenangriffe, die noch vor der Halbzeit durch den quirligen Marius Lacatus zum 1:0 führten. Nach dem unberechtigten (Chidijatulins Handspiel war außerhalb des Strafraums) Elfmeter zum 2:0 resignierte die favorisierte UdSSR vorzeitig. Sie gab den Rumänen so Gelegenheit, sich für die erhofften Profiverträge im Ausland zu empfehlen, wohin auch die besten sowjetischen Spieler seit der Liberalisierung des Landes abwanderten. Hatte das süße Leben im Westen schon Spuren hinterlassen?

0 : 2

9. Juni 1990 in Bari (0:1)
UdSSR: Dassajew, Bessonow, Chidijatulin, Kusnetzow, Gorlukowitsch, Raz, Alejnikow, Litowtschenko (66. Jaremtschuk), Sawarow, Protassow, Dobrowolski (71. Borodjuk).
Rumänien: Lung , Rednic, Klein, Andone, Popescu, Rotariu, Sabau, Timofte, Lupescu, Lacatus (87. Dumitrescu), Raducioiu (79. Balint).
Schiedsrichter: Cardellino (Uruguay).
Tore: 40. und 54. Lacatus.
Zuschauer: 20 000.

Als Favoriten-Kollektiv traten die Russen in dieser Partie lediglich beim Mauer-Bau vor einem Freistoß auf (links). Ansonsten waren die unterschiedlichen Spielerfahrungen der UdSSR-Legionäre im Ausland einer so diffizilen Gemeinschafts-produktion wie einem Tor eher im Wege.

Er hatte beim überraschenden 2:0-Sieg über die UdSSR in entscheidenden Momenten seine Hände im Spiel: Rumäniens Torwart Silviu Lung, 34 Jahre alt (rechts). Er entschärfte in der ersten Halbzeit gleich vier gute Torchancen der Russen.

Aus spitzem Winkel hatte Marius Lacatus präzise das kurze russische Eck getroffen und damit seine Mannschaft noch mehr motiviert. Aber zuerst kam der obligatorische Jubel (oben) mit Lacatus, Raducioiu und Sabau (von links).

Außerhalb des 16-Meter-Raums hatte Chidijatulin den Ball mit der Hand gespielt. Schiedsrichter Cardellino hatte nicht das rechte Augenmaß aber die Befugnis und erkannte auf Elfmeter. Links ließ Lacatus aller guten Dinge zwei sein und schoß das zweite Tor für Rumänien.

2:0

13. Juni 1990 in Neapel (1:0)
Argentinien: Pumpido (11. Goycochea), Monzon (78. Lorenzo), Serrizuela, Simon, Batista, Basualdo, Burruchaga, Maradona, Olarticoechea, Troglio, Caniggia.
UdSSR: Uwarow, Bessonow, Chidijatulin, Kusnetzow, Gorlukowitsch, Alejnikow, Sawarow (80. Ljuti), Sigmantowitsch, Schalimow, Protassow (75. Litowtschenko), Dobrowolski.
Schiedsr: Fredriksson (Schweden).
Tore: 27. Troglio, 79. Burruchaga.
Platzverweis: 48. Bessonow.
Zuschauer: 55 759.

Die Alten Herren und die Hand Maradonas

Es muß eine besondere Bewandtnis haben mit den Reflexen des Diego Maradona. Mit blitzartigen Bewegungen versetzt er nicht nur die Gegenspieler, er narrt auch immer wieder die Schiedsrichter. Oder sind es tatsächlich »göttliche« Einflüsse, die seine Vergehen für Schiedsrichter unsichtbar machen?
Im Spiel gegen die UdSSR jedenfalls blieb zum zweitenmal in einem WM-Spiel eine vielleicht spielentscheidende Handarbeit Maradonas ungeahndet. Hatte er bei der WM 86 nach seinem unvergessenen Hand-Tor gegen England noch von der »Hand Gottes« gesprochen, so gab Maradona diesmal unumwunden zu: »Ich habe den Kopfball von Kusnetzow auf mich zukommen sehen und instinktiv den Arm hochgerissen.« Das war in der 16. Spielminute, im Fünf-Meter-Raum vor dem argentinischen Tor und hätte zum Elfmeter für die UdSSR führen müssen. Alle hatten es gesehen, nur der schwedische Schiedsrichter Fredriksson nicht, weshalb der sowjetische Trainer Valerij Lobanowski wutschnaubend forderte: »Dieser Mann gehört ausge-

Mit der markigen Gestik eines Verkehrspolizisten zeigt der schwedische Schiedsrichter Erik Fredriksson dem strammstehenden UdSSR-Abwehrspieler Wladimir Bessonow die Rote Karte. Kusnetzows (4) Einwände zeitigten erwartungsgemäß keinen Erfolg.

schlossen. Seine Fehler waren für unsere Niederlage entscheidend.« Vielleicht wäre das Spiel anders verlaufen, wenn die Sowjets in Führung gegangen wären. Mit ihren dürftigen Leistungen aber hatten sie das Weiterkommen nicht verdient. Das drohende Ausscheiden vor Augen, erstarrte die Altherren-Mannschaft (Durchschnittsalter: 29 Jahre) in Angst: Sie bäumte sich nicht einmal auf, als nach der argentinischen Führung ohnehin nichts mehr zu verlieren war.

Obwohl sie in den letzten vier Jahren nur auf ganz wenigen Positionen verändert wurde, erinnerte nichts mehr an die großartige Mannschaft, die bei der WM 86 und zwei Jahre später bei der EURO die Herzen der Fans erobert hatte. Zwar fehlte der verletzte Kapitän und Spielmacher Michailitschenko, doch es bleibt fraglich, ob er dieser müden Mannschaft die notwendigen Impulse hätte geben können. Schließlich gelang das nicht einmal ihrem früher so engagierten Trainer Lobanowski: Der hatte nach 20jähriger Amtszeit seinen Abschied für die Zeit nach der WM angekündigt, machte aber schon während des Turniers oft einen abwesenden Eindruck.

Während bei Maradona bisweilen göttliche oder eigene Hände den Spielverlauf beeinflussen, versuchte es sein blonder Teamgefährte Caniggia hier mit sehr hohem Bein. Im Hintergrund Serrizuela.

KAMERUN - RUMÄNIEN

»Unzähmbare Löwen« nennen die Fans aus Kamerun ihre Spieler. Auf dem Bild rechts übernimmt der alte Löwe Albert-Roger Milla (38) wieder die Führung des Rudels, der junge Löwe Maboang Kessack (21) trollt sich. Unten: Löwen-Jubel braucht kein Publikum, leere Ränge tun der Freude keinen Abbruch; erkennbar im Pulk um den Torschützen Milla sind Ebwelle (5), Tataw (14) und M'Fede (10).

2:1

14. Juni 1990 in Bari (0:0)
Kamerun: N'Kono, Onana, Ebwelle, Kunde (68. Pagal), Tataw, N'Dip, M'Bouh, M'Fede, Makanaky, Omam-Biyik, Maboang Kessack (58. Milla).
Rumänien: Lung, Rednic, Klein, Andone, Popescu, Rotariu, Sabau, Hagi (55. Dumitrescu), Timofte, Lacatus, Raducioiu (63. Balint).
Schiedsrichter: Silva Arce (Chile).
Tore: 76. und 86. Milla, 88. Balint.
Zuschauer: 38 687.

Kamerun: Im Kampf gegen Vorurteile fürs Achtelfinale qualifiziert

Wieviele Überraschungen kann eine Weltmeisterschaft eigentlich vertragen, bevor sie zur Gewohnheit werden? Oder war der Sieg Kameruns über Rumänien letztlich gar keine Überraschung? Die allgemeine Verwunderung über die Erolge Kameruns entsprang wohl nur europäischer Arroganz: In Unkenntnis der Fortschritte in der sogenannten Dritten Welt hatte sich kaum jemand über die tatsächliche sportliche Entwicklung der Afrikaner informiert. Stürmer Francois Omam-Biyik jedenfalls hatte sich schon nach dem Auftaktsieg gegen weitverbreitete Vorurteile gewehrt: »Die Welt muß sich daran gewöhnen, daß wir keine Gorillas sind, die auf Bäumen sitzen und Bananen fressen.«
Nachdem sie auch in ihrem fünften WM-Spiel überhaupt ungeschlagen blieben, behauptete ihr sowjetischer Trainer Waleri Nepomniaschi denn auch selbstbewußt: »Die Qualifikation für das Achtelfinale ist keine Überraschung für uns. Wir waren darauf eingestellt.«
Einen Sieg gegen Rumänien allerdings hatte der Trainer nicht einkalkuliert. Seine Taktik zielte auf Unentschieden. Doch er hatte die Rechnung ohne Albert-Roger Milla gemacht. Der schon 38jährige Milla, Kameruns überragender Stürmer bei der WM 82, hatte seine Laufbahn eigentlich zwei Jahre zuvor beendet und war nur auf Wunsch von Staatspräsident Paul Biya reaktiviert worden. Aufgrund seines Alters nur noch sporadisch eingesetzt, erzielte Milla beide Tore für Kamerun.

An den Afrikanern führte bei dieser WM kein Weg vorbei, das mußte auch Rumäniens Mittelfeldspieler Ilie Dumitrescu feststellen, als ihm Kameruns Abwehrmann Pagal die »Löwen«-Pranke in die Seite schlug.

1:1

18. Juni 1990 in Neapel (0:0)
Argentinien: Goycochea, Monzon, Serrizuela, Simon, Batista, Basualdo, Burruchaga (60. Dezotti), Maradona, Olarticoechea, Troglio (53. Giusti), Caniggia.
Rumänien: Lung, Rednic, Klein, Andone, G. Popescu, Rotariu, Sabau (82. Mateut), Hagi, Lupescu, Lacatus, Balint (72. Lupu).
Schiedsr: Silva Valente (Portugal).
Tore: 61. Monzon, 68. Balint.
Zuschauer: 52 733.

Die Lust am Spiel besiegte das Ergebnisdenken

Für Diego Armando Maradona hätte die WM unerquicklicher nicht beginnen können. Von den sogenannten Fußballzwergen aus Kamerun durch eine 0:1-Niederlage lächerlich gemacht, von den Kritikern mit Spott und Häme überhäuft, von den Gegnern gnadenlos gejagt: Das Bemühen seine gewohnte Spritzigkeit wiederzufinden, gestaltete sich zu einem wahren Spießrutenlauf. Und dann mußte er sich am dritten Spieltag auch noch dem direkten Vergleich mit jenem Mann stellen, der schon der »Maradona des Ostens« genannt wird.

Die Begegnung hieß Argentinien gegen Rumänien, doch sie entwikkelte sich zu einem Spiel Maradona gegen Georghe Hagi. Beiden Mannschaften hätte ein Unentschieden zum Weiterkommen gereicht, doch beide waren um den Sieg bemüht. Und das war nicht zuletzt ein Verdienst ihrer Spielmacher, die ihre Mitspieler immer wieder wirkungsvoll anspielten und auch selbst äußerst torgefährlich waren. Hagi zeichnete sich durch gefährliche Freistöße und Fernschüsse aus, Maradona bevorzugte Dribblings und Kombinationen im Strafraum. Argentinien und Maradona bestimmten die erste, Rumänien und Hagi dominierten die zweite Halbzeit. So endete das Spiel verdientermaßen ebenso unentschieden wie der Vergleich ihrer Spielmacher.

Mit »Heile, heile Gänschen« scheint Rumäniens Star-Stürmer Marius Lacatus (sitzend) den leicht angeschlagenen argentinischen Abwehrspezialisten Juan Ernesto Simon zu trösten.

0 : 4

18. Juni 1990 in Bari (0:2)
Kamerun: N'Kono, Onana, Ebwelle, Kunde (34. Milla), Tataw, N'Dip, Kana-Biyik, M'Bouh, M'Fede, Makanaky (56. Pagal), Omam-Biyik.
UdSSR: Uwarow, Chidijatulin, Kusnetzow, Demjanenko, Gorlukowitsch, Alejnikow, Litowtschenko (72. Jaremtschuk), Sigmantowitsch, Schalimow (46. Sawarow), Protassow, Dobrowolski.
Schiedsr: Ramiz Wright (Brasilien).
Tore: 20. Protassow, 29. Sigmantowitsch, 52. Sawarow, 63. Dobrowolski.
Zuschauer: 37 307.

Vier Tore zum Abschied – Erfolgreiche Ära der UdSSR frühzeitig beendet

KAMERUN - UDSSR

B

Seit der Auslosung im Dezember habe er sich auf dieses Spiel gefreut, ließ Kameruns sowjetischer Trainer Valeri Nepomniaschi vor der Begegnung mit der UdSSR wissen. Das Aufeinandertreffen mit seinem Lehrmeister, UdSSR-Nationaltrainer Valerij Lobanowski, war für ihn eine besondere Herausforderung. Doch seinen Spielern, denen er sich ohnehin nur mit Hilfe eines Dolmetschers verständlich machen konnte, hatte er dieses ganz persönliche Anliegen offenbar nicht vermitteln können. Kameruns Nationalspieler jedenfalls, von der internationalen Presse schon als »unzähmbare Löwen« gefeiert, ließen jegliches Engagement vermissen.
Widerstandslos eröffneten sie den Sowjets die letzte Chance, vielleicht doch noch das Achtelfinale zu erreichen. Die bestürmten Kameruns Tor folgerichtig von der ersten Minute an und durften sich zwischenzeitlich tatsächlich berechtigte Hoffnungen auf den angestrebten dritten Platz der Gruppe B machen. Als Argentinien im parallel laufenden Spiel gegen Rumänien in Führung ging, sprach alles für die Sowjets, die zur Sicherheit gleich noch ein viertes Tor durch Dobrowolski drauflegten. Vergeblich. Rumäniens Ausgleich gegen Argentinien zerstörte endgültig auch die letzten sowjetischen Hoffnungen. Dem scheidenden Trainer Lobanowski und der in Auflösung befindlichen, einst so großartigen Mannschaft blieb nur der Trost, sich zumindest mit einem Sieg von der Weltbühne verabschiedet zu haben.

Das 4:0-Trostpflaster kam für die Russen zu spät, die Göttin des Schicksals (in Gestalt Rumäniens) hatte schon den Rückflug gebucht. Linke Seite: Ein mißmutiger Milla beäugt UdSSR-Keeper Alexander Uwarow. Oben: Ballfänger Uwarow, Alejnikow (7) und Sigmantowitsch.

Gruppe C

Brasilien: Die veränderte Legende

Der Ruf von Brasiliens Fußball hat zumindest eine Generation überdauert. Selbst die Twens weisen auf Brasilien hin, wenn sie nach eventuellen Titel-Aspiranten gefragt werden, obgleich sie die großen Jahre der Mannschaften aus diesem Land nicht erlebten; sie sind sogar erstaunt, wenn man sie darauf hinweist, daß die letzten Großtaten immerhin aus dem Jahre 1970 stammen – zu einer Zeit, als sie noch in den Windeln lagen. Es ist sicherlich die Legende von Pele, die die Jahrzehnte überdauerte und deshalb heute noch so gegenwärtig ist. Brasilien – das ist temperamentvoller Fußball, Samba-Rhythmus, blitzschnelle Einfälle, beste Unterhaltung. Das galt zu einem Teil sogar für die vier Weltmeisterschaften, die zwischen 1970 und 1990 ausgetragen wurden – mit einer entscheidenden Einschränkung: Vor lauter Zauberei vergaßen sie, daß man mehr Tore erzielen muß als der Gegner, und sie lehnten es wohl auch ab, sich in irgendwelche Zwänge pressen zu lassen, die eine strenge Taktik vorgibt.

Brasiliens Trainer Lazarino wurde in diesen Tagen gar zu einer Art Volksfeind, als er verkünden ließ, er wolle der Mannschaft ein taktisches Korsett verpassen – er pfeife auf die Schönspielerei, sondern wolle Erfolg. In manchen Spielen ließ er bis zu sieben defensive Akteure auf das Feld – der große Pele beschimpfte ihn deswegen mit wenig netten Worten. Und die Zeitungen in Rio und Sao Paulo schlossen sich Pele an. Lazarinos dickes Fell hatte einen simplen Grund: Nach dieser Weltmeisterschaft würde er in Florenz arbeiten – da war Brasilien weit weg. Noch etwas: Zwänge hin, Taktik her – es erhebt sich natürlich die Frage, ob das, was man Lazarino unterstellte, überhaupt möglich ist. Kann man ball- und spielverliebten Jongleuren wirklich beibringen, sich einem Konzept unterzuordnen? Kann man brasilianischen Fußballspielern kühl

Er beeindruckte die Fachwelt, der Fußball-Calypso aus Costa Rica, und er brachte die beiden europäischen Gruppengegner Schottland und Schweden völlig aus dem WM-Takt. Costa Ricas Kapitän Roger Flores hatte im Schweden-Spiel Grund zum Jubeln: er köpfte den 1:1-Ausgleichstreffer ins Schwedentor.

Tabelle der Gruppe C

10.06.90	Turin	Brasilien – Schweden	2:1 (1:0)
11.06.90	Genua	Costa Rica – Schottland	1:0 (0:0)
16.06.90	Turin	Brasilien – Costa Rica	1:0 (1:0)
16.06.90	Genua	Schweden – Schottland	1:2 (0:1)
20.06.90	Turin	Brasilien – Schottland	1:0 (0:0)
20.06.90	Genua	Schweden – Costa Rica	1:2 (1:0)

1. Brasilien	3	3	0	0	4:1	6:0
2. Costa Rica	3	2	0	1	3:2	4:2
3. Schottland	3	1	0	2	2:3	2:4
4. Schweden	3	0	0	3	3:6	0:6

C

überlegende Herzen transplantieren? Ich habe meine Zweifel an dieser Theorie. Aber die logische Folge aus solchen Zweifeln wäre dann, daß sie es nicht besser konnten! Das immerhin wäre recht ernüchternd für alle jene, die nun schon so lange für etwas schwärmen, was mittlerweile gar nicht mehr so bewunderungswürdig ist. Sie wurstelten sich zu einem knappen Sieg gegen die Schweden und zu einem ebenso mühevollen Erfolg gegen die krassen Außen-

Es hieß, daß sie bei der Italien-WM nicht mehr am Ball zauberten, die Erben Peles aus Brasilien. Trotzdem: Oben Jorginho und unten Ricardo Rocha bei Ballkunststücken (neben ihm Schottlands Aitken).

Bild rechts unten: Romario, hochgelobter Sturm-Söldner beim holländischen PSV Eindhoven, versucht sich als Torwart.

seiter aus Costa Rica durch. Schließlich gab es nochmal ein 1:0 durch einen ›Abstauber‹ von jenem Mann, der sich den Künstlernamen Muller verlieh, und keineswegs durch irgendeine brillante Aktion gegen die Schotten – ein paar Minuten vor dem Schlußpfiff. Gegen Schottland, das nun wirklich nicht der Fußball-Weisheit letzter Schluß sein kann – sie waren daheim sogar ausgelacht worden, als sie gegen Costa Rica verloren; und der knappe Sieg gegen Schweden zwischendurch war da nicht mehr als ein Trostpflaster. Für die Liebhaber des britischen Fußballs, der ja – wenn er erstklassig gespielt wird – auch seine Reize besitzt, waren diese Wochen in Italien nicht gemacht. Und die Schweden? Die Spieler dieser Mannschaft sind zum größten Teil in den nobelsten Clubs Europas engagiert und genießen entsprechendes Ansehen. In zwei Jahren wird man dort in Skandinavien die Europameister-

Brasiliens neue Disziplin

Alle schwärmen von den Brasilianern. Sie tändeln, sie fummeln, sie tricksen. Alle Welt schwärmt davon – nur: Zwanzig Jahre lang haben sie mit dem Ausgang dieses Championats nichts mehr zu tun gehabt. Vielleicht liegt es daran, daß sie spielen wie die Kinder und nicht arbeiten nach den strengen Regeln der vorgegebenen Taktik, die heute den Erfolg bedingt. Dieses Mal sollte es anders werden, hatten sie vorher erklärt. Nicht weniger als sieben Spieler hatten sie an diesem Abend gegen die Schweden aufgeboten, denen man defensive Qualitäten nachsagte – und die Spötter sprachen gar vom brasilianischen Catenaccio. Das ist so, als würde man den Kindern am Heiligabend verbieten, das Spielzeug zu benutzen. Damals hatten sie sich Künstlernamen wie Pele oder Garrincha gegeben – heute nennt sich einer von ihnen Muller, weil er für den deutschen Torschützen vergangener Tage schwärmt. Seltsam verkehrte Welt. Natürlich haben sie dieses Spiel gegen die Schweden gewonnen – nicht durch Tändeln, Tricksen, Fummeln, sondern weil Antonio Careca zweimal das abschloß, was man einen Konter nennt. Brasilianische Disziplin in einer festgeformten Taktik – geht das? Mag sein, aber man wird in weiteren zwanzig Jahren keinen Grund darin sehen, davon zu schwärmen. So ist das nun einmal.

Ulrich Kaiser

C

schaft austragen – und die Leistung des Teams mit den drei Kronen sollte ja auch so etwas wie eine Werbung sein. Drei Niederlagen brachten ihnen die frühe Heimreise – zuletzt sogar gegen Costa Rica, das erneut den Beweis dafür antrat, daß es keine »Kleinen« mehr gibt, die man über die Schulter anschauen kann.
Den Brasilianern konnte das Gerangel zwischen den Mannschaften aus Schweden, Costa Rica und Schottland ziemlich egal sein – das galt ganz besonders für Trainer Lazarino, der für die Kritik, die er täglich aus der Heimat überliefert bekam, nur ein Lachen übrig hatte. Was hätte er auch sagen sollen? Sein Team stand ohne Punktverlust im Achtelfinale. Besser geht es nicht. Dem Vorwurf mangelnden Glanzes vermochte er leicht mit einem Hinweis zu begegnen, der bisher eher der europäischen Denkweise entsprach: Es ist nützlicher, schlecht zu spielen und zu gewinnen, als mit Glanz und Gloria zu verlieren. Nach dieser Maxime sind schon viele Mannschaften auf der Welt zu Titelehren gekommen. Vielleicht hatte er damit recht, soweit es sich auf seine zweiundzwanzig Spieler bezog. Den Millionen Fans zu Hause war es nach wie vor zu wenig. Obgleich der Gedanke zu diesem Zeitpunkt natürlich viel zu früh war: Würde ganz Brasilien seine Einstellung zu diesem Spiel ändern, wenn der Erfolg anhielt?

Dieter Kürten

Bild rechte Seite: Gegen die Elf aus Schweden schoß Hernan Medford Costa Rica endgültig ins Achtelfinale. Ein Fußballzwerg probte den Aufstand.

Zwei Verlierer und ein Gewinner. Rechts verhüllt ein schottischer Spieler sein Haupt; daneben schlägt Schwedens Abwehrmann Stefan Schwarz nach einem Costa Rica-Tor die Hände vors Gesicht. Und ganz rechts Velibor Milutinovic, Costa Ricas Trainer, in Siegerpose.

2:1

10. Juni 1990 in Turin (1:0)
Brasilien: Taffarel, Jorginho, Ricardo Gomez, Galvao, Mozer, Branco, Valdo (82. Silas), Alemao, Dunga, Careca, Muller.
Schweden: Ravelli, Larsson, Ljung (70. Strömberg), R. Nilsson, Schwarz, Ingesson, Limpar, J. Nilsson, Thern, Brolin, Magnusson (46. Pettersson).
Schiedsrichter: Lanese (Italien).
Tore: 40. und 62. Careca, 78. Brolin.
Zuschauer: 62 628.

Die Brasilianer tanzten keine Samba mehr

Mit phantastischen Kombinationen und technischen Kunststücken hatten sich die Brasilianer in den zurückliegenden WM-Turnieren weltweite Sympathien erspielt. Als Fußball-Samba hatte sich ihr Zauberfußball in den Herzen und Köpfen der Fans festgesetzt. Wie groß war deren Enttäuschung angesichts des nüchtern-sachlichen Stils, mit dem sich Brasilien bei seinem Sieg über Schweden der Welt präsentierte.

Die Mannschaft war im Vergleich zum Turnier in Mexiko nicht wiederzuerkennen: Ihre kreativ-intuitive Spielweise war so grundlegend von taktischer Disziplin abgelöst worden, daß Brasiliens Fußball-Legende Carlos Alberto empört schimpfte: »Das ist eine Vergewaltigung des brasilianischen Naturells.« In einer Zeit, in der sich Europas Spitzenmannschaften am brasilianischen Stil früherer Jahre orientierten, übernahm ausgerechnet Brasilien das einst Europa-typische Sicherheitsdenken.

Doch Trainer Sebastiao Lazaroni, ein eigenwilliger und konsequenter Dickschädel, der bei seinem Amtsantritt zuerst einmal im brasilianischen Verband gründlich aufgeräumt hatte, wußte seine unpopuläre Maßnahme sehr wohl zu begründen: »20 Jahre lang haben wir wunderbaren Fußball gespielt und nie etwas gewonnen. Aber was zählt, ist einzig der Erfolg.« Deshalb überließen die Brasilianer den Samba-Tanz ihren Anhängern auf der Tribüne, wo die beiden sehenswerten Careca-Tore gebührend gefeiert wurden.

Der Bundesliga-Brasilianer Jorginho (er spielt für Bayer Leverkusen) brachte gegen Schweden eine starke Leistung. Er und seine Team-Kollegen, so die einhellige Meinung der Fachwelt, zauberten nicht mehr am Ball, sondern schossen ihn taktisch-diszipliniert ins Tor. Und das zweimal.

Man hält ihn für das (vorerst) letzte Fußball-Genie der Brasilianer, jenen Antonio de Oliveira Filho, genannt Careca (links), der das Brasilien-Team mit zwei Toren vor einem blamablen Spielausgang rettete.

Ricardo Gomez, Kapitän der brasilianischen Mannschaft, bei der Trikot-Wechsle-Dich-Zeremonie mit Schwedens Joakim Nilsson.

COSTA RICA - SCHOTTLAND

1:0

11. Juni 1990 in Genua (0:0)
Costa Rica: Conejo, Flores, Gonzales, Montero, Chavez, Chavarria, Ramirez, Gomez, Cayasso, Marchena, C. Jara (80. Medford).
Schottland: Leighton, McLeish, Gough (46. McKimmie), Malpas, Aitken, McStay, Bett (74. McCoist), McCall, McPherson, Johnston, McInally.
Schiedsr.: Loustau (Argentinien).
Tor: 49. Cayasso.
Zuschauer: 30 867.

Costa Rica probt den Aufstand

Für den Tag, an dem seine kleine Republik ihr Debüt bei einer Fußball-Weltmeisterschaft gab, hatte Präsident Calderon einen arbeitsfreien Tag angeordnet. Die heimische Wirtschaft konnte es verkraften – schließlich gilt Costa Rica als bestentwickelter Staat Zentralamerikas. Schottlands Mannschaft mußte schmerzhaft erfahren, daß dieses Prädikat mittlerweile auch für den Fußball gilt. Costa Rica fügte sich nahtlos in die Reihe jener sogenannten Fußball-Zwerge ein, die in Italien den Aufstand probten. Und die Art, in der der Sieg über Schottland herausgespielt wurde, war keineswegs ein Zufallsergebnis. In der Abwehr europäisch-kompakt, erzielten Costa Ricas Spieler das entscheidende Tor brasilianisch-genial: Schnelles Kurzpaßspiel von Oscar Ramirez auf Claudio Jara, der verlängert per Hacke zu Juan Arnoldo Cayasso. Eine gelungene Körpertäuschung, ein gefühlvoller Schlenzer – und Schottlands WM-Träume vom zweiten Gruppenplatz waren geplatzt. Trainer Milutinovic aber mußte sich um seinen Ruf nicht mehr sorgen. Er hatte, nach seinem Gehalt gefragt, befürchtet: »Wenn Franz Beckenbauer erfährt, was ich verdiene, hält er mich für einen schlechten Trainer.«

Auch Costa Rica (die »reiche Küste«) beteiligte sich am umjubelten Aufstand der Fußball-Zwerge. Den sturmerprobten Schotten blies ein zentralamerikanischer Hurrikan um die Ohren und verwehte ihre WM-Träumereien. Selbst die Trikotbremse des schottischen Abwehrspieler Malpas (6) hielt Costa Ricas Torschützen Cayasso nicht auf.

1:0

16. Juni 1990 in Turin (1:0)
Brasilien: Taffarel, Jorginho, Ricardo Gomez, Branco, Mozer, Galvao, Dunga, Alemao, Valdo (86. Silas), Careca (83. Bebeto), Muller.
Costa Rica: Conejo, Flores, Gonzales, Montero, Chavez, Chavarria, Ramirez, Gomez, Cayasso (78. Guimaraes), Marchena, C. Jara (71. Mayers).
Schiedsrichter: Jouini (Tunesien).
Tor: 33. Muller.
Zuschauer: 58 007.

Brasilien hatte nur einen Gegner: Luis Conejo

Costa Ricas jugoslawischer Trainer Velibor Milutinovic hatte so etwas geahnt: »Meine Spieler sind große Brasilien-Fans. Sie haben heute den besten Platz im Stadion. Hoffentlich vergessen sie nicht mitzuspielen.«
War es die Verehrung für die brasilianischen Vorbilder oder steckte noch der Kater von den ausgiebigen Feiern nach dem Überraschungssieg über Schottland in den müden Beinen? Die Mannschaft Costa Ricas »vergaß« das Mitspielen tatsächlich. Mit einer Ausnahme: Torwart Luis Conejo, schon gegen Schottland der auffälligste Spieler auf dem Platz, überzeugte erneut mit einer fehlerfreien Leistung. Conejo – das heißt übersetzt: Kaninchen. Doch nicht der Torwart, sondern Brasiliens Stürmer verhielten sich wie Kaninchen vor der Schlange. Anfangs noch erstarrt in der Angst vor einer möglichen Niederlage und statisch in ihren Angriffen, erfaßten sie erst mit zunehmender Spieldauer die Harmlosigkeit des Gegners.
In der zweiten Halbzeit wurden sie ihrer Favoritenrolle endlich vollauf gerecht. Es gelang aber nicht, den Klassenunterschied auch in Toren auszudrücken. Careca versuchte es mit Dribblings, Valdo mit Fernschüssen. Alemao, Dunga und Mozer kombinierten wie in den besten brasilianischen Tagen. Aber nur Muller traf. Mit einem wunderschönen Schuß aus der Drehung bezwang er den großartigen Conejo, der trotz dieser Niederlage zu den Gewinnern der WM gehörte.

Der Masseur der Elf aus Costa Rica, genannt »El Brujo«, der Medizinmann, hatte daneben orakelt: Kein 0:0 gegen Brasilien, dafür ein äußerst dürftiges 1:0 für Careca, Alemao (linke Seite, mit dem am Boden zerstörten Gonzales) und Co. Links: Brasilien-Torwart Claudio Taffarel litt an Langeweile. Costa Rica wagte sich nämlich kaum über die Mittellinie.

1:2

16. Juni 1990 in Genua (0:1)
Schweden: Ravelli, Hysén, Larsson (75. Strömberg), R. Nilsson, Schwarz, Ingesson, Limpar, J. Nilsson, Thern, Brolin, Pettersson (62. Ekström).
Schottland: Leighton, McLeish, Malpas, Levein, McPherson, Aitken, MacLeod, McCall, Johnston, Durie (75. McStay), Fleck (84. McCoist).
Schiedsrichter: Maciel (Paraguay).
Tore: 11. McCall, 81. Johnston, 85. Strömberg.
Zuschauer: 31 823.

Schweden mußte für Costa Ricas Sieg büßen

Da konnten die Schweden endlich ihren bärenstarken Libero Glenn Hysén einsetzen und sahen sich doch nach dem Spiel plötzlich vom frühzeitigen Ausscheiden bedroht. Schon nach elf Minuten wurden sie durch ein Tor des Schotten Stuart McCall kalt erwischt. Eine Folge des ungeheuren Siegeswillens, mit dem die Schotten ihre letzte Chance ergriffen hatten.
Nach der beschämenden Niederlage gegen Costa Rica drängte die Mannschaft auf schnelle Rehabilitation. Angriff war die einzig mögliche Verteidigung. Doch offensichtlich waren die Schweden auf eine solche Dynamik nicht vorbereitet. Geradlinig, schnell und direkt – wann hatten die Schotten je ein so temperamentvolles Offensivspiel gezeigt?
Zwar versuchten die Schweden mit gleichen Mitteln dagegenzuhalten, doch ihre Stürmer konnten nicht umsetzen, was das Mittelfeld vorbereitete. Mats Magnusson, der in der abgelaufenen Saison für Benfica Lissabon 33 Tore erzielt hatte, saß nur auf der Bank, die 20jährige Entdeckung Tomas Brolin hatte nur eine einzige Chance, Stefan Pettersson und Jonas Thern wurden immer wieder von der schottischen Abwehr gestoppt. So kam es, daß die Schweden sich nach dem zweiten Vorrunden-Spieltag überraschend auf dem letzten Gruppenplatz wiederfanden.

SCHWEDEN - SCHOTTLAND

C

Die Schotten hatten sich für die Begegnung eine geniale Taktik zurechtgelegt: körperlicher Einsatz und Riesen-Laufpensum. Und das endete bisweilen auf dem Rasen des Luigi-Ferraris-Stadions, siehe links, mit Schwedens Jung-Star Tomas Brolin (Beine ziemlich senkrecht) und Paul McStay (Beine mehr waagerecht).

Schottische Begeisterung nach der frühen Führung durch Stuart McCall (16), Schweden am Boden. Hinter ihm jubelt Johnston mit, im Vorgriff auf sein Tor kurz vor Spielende. Links eine Schottenfan im Schottenkaro.

Eigentlich hatte Schotten-Keeper James Leighton keinen Grund für grandiose Gesten (links). Von ganzen zehn Schweden-Schüssen auf sein Tor stellten ihn lediglich drei auf die Probe. Linke Seite: Für den Dortmund-Schotten Murdo MacLeod (am 1:0 beteiligt) führte kaum ein Weg an Roland Nilsson (6) vorbei.

1 : 0

20. Juni 1990 in Turin (0:0)
Brasilien: Taffarel, Jorginho, Ricardo Gomez, Branco, Rocha, Galvao, Dunga, Alemao, Valdo, Careca, Romario (65. Muller).
Schottland: Leighton, McLeish, Malpas, McKimmie, McPherson, Aitken, McStay, MacLeod (39. Gillespie), McCall, Johnston, McCoist (79. Fleck).
Schiedsrichter: Kohl (Österreich).
Tor: 81. Muller.
Zuschauer: 62 502.

Maurice Johnston: Im Fünfmeterraum so einsam wie in schottischen Bergen

Bild unten: Ein Blick zurück mit Entsetzen. Die Schotten Gary Gillespie und Torwart James Leighton sehen hilflos dem Ball nach, den Muller ins Tor lenkte und damit das Aus für Schottland besiegelte. Im Hintergrund rappelt sich Careca auf.

Niemand war nach diesem Spiel einsamer als der schottische Stürmer Maurice Johnston. Noch in der Schlußminute hatte er die Riesenchance zum Ausgleich auf dem Fuß. Fünf Meter nur lagen zwischen ihm und der Linie des brasilianischen Tores – die Teilnahme am Achtelfinale schien so nah. Doch mit einer Reflexbewegung brachte Torwart Claudio Taffarel noch die Fingerspitzen an den Ball, im Bruchteil einer Sekunde hatte er Schottlands Hoffnungen zerstört. Das Gesicht tief in den Rasen des Fünfmeterraumes vergraben, blieb Maurice Johnston lange unbeweglich liegen. Erstarrt in der Endgültigkeit seines Versäumnisses, allein gelassen von den fassungslosen Mitspielern.

Es war die bewegendste Szene eines Spiels, das zunächst von einer unverständlich defensiven Taktik der Schotten geprägt war. Sie agierten erstmals mit einem echten Libero. Kapitän Roy Aitken hatte diese Rolle übernommen. Eine Variante, die das angestrebte Unentschieden sichern sollte. Bis in die Schlußphase hinein schien es auch so, als könne dieses Ziel erreicht werden. Zwar konnten sich die feldüberlegenen Brasilianer einige gute Torchancen erarbeiten, doch Torwart James Leighton hatte selbst zwei Großchancen von Ricardo Gomez und Romario abgewehrt. Nur dem eingewechselten Muller gelang es, ihn zu bezwingen. Ein Tor, das nach Johnstons vergebener Ausgleichschance gleich doppelt schmerzte.

BRASILIEN - SCHOTTLAND

C

Es scheint Schottlands traditionelles WM-Schicksal zu sein, während der Vorrunden auf der Strecke zu bleiben. Mit dem Enttäuschungsschrei »Goodbye, Scotland« zogen schottische Fans durch Turin. Bild oben: Roy Aitken versucht Jorginho zu stoppen. Links: Der Pechvogel James Leighton. Er ließ den Ball abprallen, der zu dem folgenschweren Muller-Tor führte.

Roger Flores umarmt überglücklich seinen Teamgefährten Ronald Gonzales (4). Für ihn wurde sein »Lebenstraum« Wirklichkeit und die Skandinavier stürzten in tiefste Depressionen. Rechts: Duell Jara-Strömberg.

1:2

20. Juni 1990 in Genua (1:0)
Schweden: Ravelli, Hysén, Larsson, R. Nilsson, Schwarz, Ingesson, J. Nilsson, Strömberg (81. Engqvist), Brolin (34. Gren), Ekström, Pettersson.
Costa Rica: Conejo, Flores, Gonzales, Montero, Chavez, Chavarria (73. Guimaraes), Ramirez, Gomez (60. Medford), Cayasso, Marchena, C. Jara.
Schiedsr: Petrovic (Jugoslawien).
Tore: 31. Ekström, 74. Flores, 86. Medford.
Zuschauer: 30 223.

Eine Chance, die keine war - Costa Rica im Achtelfinale

Optimistisch, fröhlich, positiv – das heitere Wesen von Trainer Velibor Milutinovic übertrug sich auch auf die Mannschaft Costa Ricas. Eigentlich hatte sie bei diesem Turnier keine Chance, aber sie nutzte sie.
Die Schweden leisteten dabei unfreiwillige Entwicklungshilfe. Eine Stunde lang setzten sie Costa Ricas Abwehr unaufhörlich unter Druck. Doch mehr als das eine Tor durch Johnny Ekström sprang nicht dabei heraus. Immer wieder scheiterten die schwedischen Bemühungen an den überragenden Fähigkeiten des Torwarts Luis Conejo. Es war schon erstaunlich, mit welcher Sicherheit dieser Mann in allen Spielen agierte. Schließlich war seine internationale Erfahrung unbedeutend und in seinem kleinen mittelamerikanischen Heimatland wurde er allenfalls von Amateuren geprüft.
Den souveränen Conejo im Rükken, blieben auch seine Vorderleute trotz einiger gravierender Fehler gelassen. Je verkrampfter die Schweden auf eine endgültige Entscheidung drängten, desto unbeschwerter und gefährlicher wurden Costa Ricas Konter. Ein Kopfball von Libero Flores, ein Solo des eingewechselten Medford: Der WM-Neuling zeigte den erfahrenen Schweden, wie einfach das Toreschießen sein kann – solange der Torwart nicht Luis Conejo heißt.

Er agierte absolut fehlerfrei. Sicheres Stellungsspiel, souveräne Strafraumbeherrschung, instinktive Reflexe auf der Linie: Gabelo Luis Conejo, der Mann im Tor des Landes der »Reichen Küste«. Dirigent, Teufelskerl, Regisseur, Zauberer und letztes Bollwerk.

Gruppe D

Über die Favoriten

Es gibt eine sonderbare Unlogik um die Favoriten in jedem Sport: Einer, der es nicht ist, begehrt trotzig auf, wenn man ihn zu den Außenseitern zählt und meint, daß jeder die gleichen Chancen habe – andere, die es tatsächlich sein könnten, weisen diese Ausnahmeposition weit von sich und schieben sie gleich einer Handvoll Konkurrenten zu. Es heißt, daß die Position eines Favoriten belastend ist – vielleicht weil man ihm weniger Fehler durchgehen läßt, vielleicht weil es den Außenseiter anspornt, vielleicht weil Niederlagen von Favoriten härter bewertet werden und schmerzhafter sind. Wer weiß? Es gibt keine schriftlich vorliegende Favoriten-Psychologie.

Mit den Deutschen ist das eine ganz besondere Situation: Bei den letzten sechs Weltmeisterschaften waren sie einmal Erster, dreimal Zweiter und einmal Dritter. Da braucht man gar keine hervorragende Mannschaft zu haben und wird auf Grund dieser statistischen Zahlen trotzdem in den Kreis der Kandidaten eingereiht. Kurz: Man rechnet bei solchen Gelegenheiten mit den Deutschen, weil sie bei besonderen Anlässen immer zu besonderen Leistungen fähig waren. Übrigens: Es kommt hoffentlich niemand auf die Idee, diese fußballspezifische Tatsache als Volkscharakter auslegen zu wollen.

Und so kamen sie denn als Favoriten nach Mailand in das San Siro-Stadion, das nach seiner Aufstokkung den Namen von Giuseppe Meazza trägt, dem unvergessenen Goalgetter aus der Vorkriegszeit. Favoriten zu Recht? Aus den letzten vorbereitenden Spielen war das sicherlich kaum abzuleiten. Aber sie hatten allein in der Stammbesetzung eine Handvoll Spieler, die in Italien ihre gar nicht so kleinen Brötchen verdienen – und wer in Italien spielt, ist nicht nur gut, sondern genießt vertraute Umgebung und hat Freunde selbst unter den italienischen Tifosi. Der robuste Brehme, der im-

Szene aus der Begegnung Deutschland-Jugoslawien in der rauschenden Ball-Nacht von Mailand am 10. Juni. Jürgen Klinsmann und Predag Spasic nehmen die Hürde Tomislav Ivkovic (Jugo-Torwart), rechts sprintet Abwehrmann Faruk Hadzibegic heran. »Die Jugoslawen«, so der Eindruck einer jugoslawischen Zeitung, »erschienen wie ein alter Fiaker«.

Tabelle der Gruppe D

09.06.90	Bologna	VA Emirate – Kolumbien	0:2	(0:0)
10.06.90	Mailand	BR Deutschland – Jugoslawien	4:1	(2:0)
14.06.90	Bologna	Jugoslawien – Kolumbien	1:0	(0:0)
15.06.90	Mailand	BR Deutschland – VA Emirate	5:1	(2:0)
19.06.90	Mailand	BR Deutschland – Kolumbien	1:1	(0:0)
19.06.90	Bologna	Jugoslawien – VA Emirate	4:1	(2:1)

1. BR Deutschland	3	2	1	0	10:3	5:1
2. Jugoslawien	3	2	0	1	6:5	4:2
3. Kolumbien	3	1	1	1	3:2	3:3
4. VA Emirate	3	0	0	3	2:11	0:6

D

Teamchef Franz Beckenbauer werden gewiß einige bemerkenswerte Sprüche zugeschrieben, aber das geflügelte Wort im Bild oben (»Ich kam, ich sah, ich siegte«) stammt nach Meinung der Gelehrten ursprünglich wohl doch eher von Julius Cäsar. Unten: Das erfolgreiche Sturm-Gespann Klinsmann-Völler beim Platzregen-Tango im Spiel gegen die Emirate.

mer ein wenig arrogant wirkende Berthold, der so populär gewordene Völler, der schnelle Schwabe Klinsmann, der gereifte Matthäus.

Glück? Ja, das auch! Es war nämlich auch Glück, gleich zu Beginn auf einen Gegner wie Jugoslawien zu treffen, der einfach »paßte«: Keinen von den Schwachen, gegen den man schnell schlecht aussieht, wenn man nicht ein halbes Dutzend Tore erzielt – und auch keinen von den ganz Starken, die viel Kraft und Nerven kosten. Die Deutschen gewannen nicht nur, sondern sie taten es in einer Form, wie es eine Nationalmannschaft vielleicht seit der letzten Weltmeisterschaft vor vier Jahren in Mexiko nicht mehr zeigte. Auf einmal gehörten sie nicht nur wegen der statistischen Daten aus der Vergangenheit zu den Favoriten.

Anschließend gegen die Söhne der Wüste aus den Vereinigten Arabischen Emiraten war das schauerliche Unwetter während des Spiels wahrscheinlich unangenehmer als der Gegner. Schließlich mußte man zu diesem Zeitpunkt sogar das letzte der Gruppenspiele gegen Kolumbien als einen Glücksfall betrachten. Nicht etwa wegen des Spielverlaufs und des unentschiedenen Endes, wobei nach den Torchancen auch ein Sieg der Südamerikaner möglich gewesen wäre – sondern wegen der nützlichen Warnung. Es gibt nämlich nichts sonst, was so wirksam ist gegen das einlullend-übersichere Favoriten-Syndrom, wie ein Gegner, der Grenzen aufzeigt. Die Tatsache, daß man es nicht fertigbrachte, den Führungstreffer zwei Minuten vor Schluß über die Zeit zu retten, unterstrich diese Warnung. Als Franz Beckenbauer mit seinen Spielern wieder heimfuhr ins Castello di Casiglio, gab es Freude über das erreichte Klassenziel, aber anstatt des Überschwangs sicherlich auch ein bißchen Nachdenken über das, was noch bevorstand. Favoriten?

Vielleicht unterschied sich dieses Turnier von seinen Vorgängern auch deshalb, weil es keinen wirklichen Favoriten gab – weil jedes Team, von dem man es annahm, irgendwann ein bißchen stolperte. Das mußte noch nicht einmal ein Nachteil sein: Es dauert einen Monat – und es gibt keinen Sportler, der eine so lange Zeit immer seine wirklich beste Form besitzt. Man denke nur vier Jahre zurück: Damals schwärmte man zu Beginn von den Sowjets, den Belgiern, den Dänen, den Franzosen – am Schluß standen die Deutschen im Finale, denen man nichts zugetraut hatte. Favoriten? Man traut jenen, die zu Beginn einer solch' schier endlosen Weltmeisterschaft bereits funkeln, nicht über den Weg. Und deshalb mag es auch niemand sein.

Dieter Kürten

Zusammenprall der Alten (Jugoslawien) mit den Neuen Welt (Kolumbien), oder Krieg der Köpfe, mit Dragoljub Brnovic und Carlos Alberto Valderrama.

Khaleel Ghanim Mubarak, bärtiger Abwehrmann aus den Emiraten, braucht nach einer heißen Spielphase eine Erfrischung.

Kein leichtes Spiel im Sandsturm

Es heißt, dieses seien ganz besonders schwierige Spiele bei einer Weltmeisterschaft, wenn einer von den Favoriten gegen einen von jenen spielt, die man nun ganz bestimmt nicht dazu zählen kann. Wenn zum Beispiel die Deutschen gegen die aus den Vereinigten Arabischen Emiraten anzutreten haben. Es heißt dann, man nehme irgendwo im Hinterkopf solche Gegner zu leicht – man spricht von der mangelnden Motivation. Die Deutschen hatten auch Glück. Nicht weil die reichen Wüstensöhne vom Golf unter den Schwachen vielleicht die Schwächsten waren, sondern weil es so viele Ergebnisse gab, die vor jenem zur Nachlässigkeit führenden Hochmut warnten; die aus Kamerun, die aus Ägypten, auch die aus den USA lieferten die Beispiele. Sie hatten wahrscheinlich auch Glück, weil pünktlich zum Spielbeginn ein fürchterliches Unwetter begann – Blitz und Donner und ein Regen, bei dem man fast die gegenüberliegende Seite der Tribünen dieses schönen Stadions nicht mehr sah. Es muß für die Araber so ungewohnt gewesen sein, wie es für die Deutschen gewesen wäre, wenn sie in einem Sandsturm gespielt hätten. Nein – bei solchem Wetter lullt man sich nicht ein. Die Fans begnügten sich mit der Gunst der Stunde und sangen das Lied von dem Tag, der nie vergehen sollte.

Ulrich Kaiser

Jubelposition mit Mannschaftschef Lothar Matthäus und Stürmer Jürgen Klinsmann während der Mailänder Ball-Nacht vom 10. Juni im Spiel gegen Jugoslawien (4:1).

VA EMIRATE - KOLUMBIEN

0 : 2

D

9. Juni 1990 in Bologna (0:0)
V.A. Emirate: Faraj, K.G. Mubarak, I.M. Abdulrahman, E.M. Abdulrahman (74. Sultan), Y.H. Mohamed, Jumaa, A.M. Abdullah, Abbas, N.K. Mubarak, F.K. Mubarak (57. Bilal), Al Taliyani.
Kolumbien: Higuita, Escobar, G. Gomez, Herrera, Perea, G.J. Gomez, Valderrama, Redin, Alvarez, Rincon, Iguaran (75. Estrada).
Schiedsrichter: Courtney (England).
Tore: 50. Redin, 85. Valderrama.
Zuschauer: 31 000.

Kolumbiens Pflichtsieg beruhigte Franz Beckenbauer

Die Zuschauer im ohnehin nicht ganz gefüllten Stadion Dall'Ara in Bologna verlangten schon nach einer halben Stunde lautstark nach »Italia, Italia«. Und der deutsche Teamchef Franz Beckenbauer zeigte sich zur Halbzeit besorgt angesichts des schwachen Niveaus beider Mannschaften. »Wenn die Kolumbianer dieses Spiel nicht gewinnen, dann müssen sie gegen uns alles geben.« Diese Vorstellung behagte ihm gar nicht.
Im Verlauf der zweiten Halbzeit wurden seine Sorgen dann allerdings etwas gemildert. Zwar erfuhr das Niveau des Spiels keine sonderliche Steigerung, immerhin aber erfüllten Bernado Redin und Carlos Valderrama mit ihren Toren des Teamchefs Wunsch nach einem kolumbianischen Sieg.
Die Vereinigten Arabischen Emirate hatten ihr WM-Debüt zwar monatelang vorbereitet und die besten Spieler seit Januar aus den Vereinsmannschaften abgezogen, doch nur Publikumsliebling Adnan Khamees Al Taliyani konnte WM-Ansprüchen genügen. Hätten die Araber mehr Spieler seines Formats in ihren Reihen gehabt, so wäre die fehlerhafte Vorstellung Kolumbiens wohl nicht folgenlos geblieben. Besonders fahrlässig: Torwart Rene Higuita, dessen leichtsinnige Extravaganzen von erfahrenen Stürmern sicherlich bestraft worden wären.

Die Kolumbianer spielten, aus welchen Gründen auch immer, mit gebremstem Schaum und auch Valderrama, der auffällige Kopf der Mannschaft, glänzte nicht durch Einfallsreichtum. Erst in der 85. Minute konnte er nach einem Aufsetzer aus 20 Meter Torentfernung (2:0) den Daumen hochnehmen.

Bei seinem französischen Club Montpellier läßt er häufig auf der Reservebank die blondgefärbten Rasta-Locken hängen: Carlos Valderrama, Exzentriker, Weltklassespieler und Star der kolumbianischen Elf. Auf dem Bild auf der linken Seite wird er von Nasser Khamees Mubarak gestoppt.

4:1

10. Juni 1990 in Mailand (2:0)
Deutschland: Illgner, Reuter, Brehme, Augenthaler, Buchwald, Berthold, Häßler (74. Möller), Matthäus, Bein (74. Littbarski), Völler, Klinsmann.
Jugoslawien: Ivkovic, Spasic, Vulic, Hadzibegic, Jozic, Susic (55. Prosinecki), Baljic, Stojkovic, Katanec, Vujovic, Savicevic (55. Brnovic).
Schiedsr: Mikkelsen (Dänemark).
Tore: 28. Matthäus, 39. Klinsmann, 54. Jozic, 63. Matthäus, 69. Völler.
Zuschauer: 74 765.

Links: Jürgen Klinsmann contra Abwehrmann Predag Spasic.
Unten, von oben nach unten:
2:0 – Klinsmann flog Kopf voraus in die halbhohe Hereingabe von Brehme, der Ball landet in der Torecke.
3:1 – Von der eigenen Hälfte aus startete Matthäus seine Einzelkämpfer-Aktion und schoß ein.
4:1 – Brehme schoß den Ball scharf von halblinks – Ivkovic bekam ihn nicht in den Griff – Rudi Völler brachte ihn irgendwie über die Linie.

Kapitän Matthäus setzte die Zeichen

In früheren Jahren war Lothar Matthäus vor wichtigen Spielen oft genug durch großmäulige Ankündigungen aufgefallen. Wenn er dann allerdings auf dem Spielfeld gefordert war, hatte er sich meistens versteckt.
Im Auftaktspiel gegen Jugoslawien aber wurde er allen Ansprüchen gerecht. Inzwischen 30jährig, hatte er gerade in seinem zweiten Jahr bei Inter Mailand eine großartige Saison absolviert. Bei seiner dritten Weltmeisterschaft verlangte die Rolle des Kapitäns von ihm schon deshalb besondere Anstrengungen, weil er im vertrauten Giuseppe-Meazza-Stadion zu Mailand praktisch ein Heimspiel hatte. Und Matthäus setzte gegen die mitfavorisierten Jugoslawen tatsächlich die Zeichen: Mit seinem fulminanten Schuß zum 1:0 vermittelte er seinem Team in dem bis dahin eher ausgeglichenen Spiel erstmals ein Gefühl der Überlegenheit. Noch wichtiger seine Energieleistung zum 3:1 – just in einer Phase, in der die Jugoslawen nach ihrem Anschlußtreffer mächtig auf den Ausgleich drängten.
Angeführt von ihrem Kapitän bestätigte die gesamte deutsche Mannschaft in diesem hochklassigen Spiel den Ruf, die beste deutsche Elf seit der WM 74 zu sein. Verstummt auch die Kritiker, die wegen der vielen Auslandsengagements einen Substanzverlust der Nationalelf befürchtet hatten: Alle vier Tore wurden von Spielern erzielt, die sich in der starken italienischen Liga durchgesetzt hatten.

Drei deutsche Italiener und ein deutscher Bayer bei der Jubel-Nachlese. Doppeltorschütze Lothar Matthäus nach seinem 75. Länderspiel in Becker-Pose, Abwehrchef Klaus Augenthaler, Rudi Völler und fliegender Kopfballtorschütze Jürgen Klinsmann.

1:0

14. Juni 1990 in Bologna (0:0)
Jugoslawien: Ivkovic, Stanojkovic, Spasic, Hadzibegic, Jozic, Brnovic, Susic, Stojkovic, Vujovic (53. Pancev), Katanec (46. Jarni), Sabanadzovic.
Kolumbien: Higuita, Escobar, G. Gomez, Herrera, Perea, G.J. Gomez, Valderrama, Redin (78. Estrada), Alvarez, Rincon (68. Hernandez), Iguaran.
Schiedsrichter: Agnolin (Italien).
Tor: 73. Jozic.
Zuschauer: 32 257.

Die Angst spielte mit – nur Jozic behielt die Nerven

Nach den überwiegend begeisternden Spielen des ersten Vorrunden-Spieltages warf die Angst vor einem frühen Ausscheiden dunkle Schatten auf die Spiele der zweiten Runde. Für viele Mannschaften ging es schon um's Überleben. Für Jugoslawien zum Beispiel. Von der demoralisierenden 1:4-Niederlage gegen die Bundesrepublik Deutschland noch immer nicht erholt, bewegten sich die Jugoslawen gegen Kolumbien lange Zeit am Abgrund einer zweiten Niederlage.
Die Südamerikaner konnten allerdings ihre Vorteile im Mittelfeld nicht in einen zählbaren Vorsprung verwandeln. Nur ein einziges Mal gelang es ihnen, die jugoslawische Abwehr eindringlich zu erschrecken. Nicht minder harmlos der Angriff der Jugoslawen: Immer wieder liefen sie in dumpfer Monotonie in die gut funktionierende Abseitsfalle der Kolumbianer. Mehr als ein Dutzend Mal waren sie schon hineingetappt, bevor Mittelfeldspieler Davor Jozic die vielen Fehler vergessen machte. Sein Tor (Hadzibegic scheiterte kurz darauf mit einem Elfmeter an Torwart Higuita) verklärte gar den Blick von Trainer Ivica Osim. »Meine Spieler haben eine wunderbare Leistung gezeigt«, so wurde Osim nach dem Spiel zitiert. In seiner Erleichterung hatte er wohl den Sinn für die Realität verloren.

JUGOSLAWIEN - KOLUMBIEN

D

Oben: Rene Higuita, der Torwart-Libero mit den schulterlangen Locken und dem Fernweh, hält im Dall'Ara-Stadion den vom echten Jugos-Libero Hadzibegic miserabel plazierten Handelfmeter. Links: Davor Jozic (6) stoppte einen weiten Flankenball mit der Brust und schoß von der Strafraumgrenze aus an Higuita vorbei ins Tor. Linke Seite: Nach dem Horror-Trip mit der deutschen Mannschaft war jugoslawischer Jubel angezeigt: kniend Jozic, darüber Stojkovic und dahinter Stanojkovic.

BR DEUTSCHLAND - VA EMIRATE

Der Wiener »Kurier« faßte das Spiel so zusammen: »Als die Sintflut etwas nachließ, gingen die Wüstensöhne baden.« Aber das tat ihrer blendenden Laune keinen Abbruch (siehe Bild unten, Matthäus und A.M. Abdullah). Links: Foul an Klinsmann.

Gut verpackt gurgelten deutsche Schlachtenbummler die deutsche Fußball-Nationalhymne durch die regenüberflutete Betonschüssel des Meazza-Stadions: »So ein Tag, so wunderschön trotz Regen« (oder so ähnlich). Das nasse, aber harmonische Stürmerduo Klinsmann-Völler, Blitz und Donner, so eine deutsche Boulevard-Zeitung.

5:1

15. Juni 1990 in Mailand (2:0)
BR Deutschland: Illgner, Reuter, Brehme, Augenthaler, Buchwald, Berthold (46. Littbarski), Häßler, Matthäus, Bein, Völler, Klinsmann (71. Riedle).
VA Emirate: Faraj, K.G. Mubarak, I.M. Abdulrahman (87. Al Haddad), E.M. Abdulrahman, Y.H. Mohamed, Jumaa, A.M. Abdullah, Abbas, N.K. Mubarak, K.I. Mubarak (82. Hussain), Al Taliyani.
Schiedsrichter: Spirin (UdSSR).
Tore: 35. Völler, 37. Klinsmann, 46. K.I. Mubarak, 47. Matthäus, 58. Bein, 74. Völler.
Zuschauer: 71 169.

Ein Schützenfest bei Blitz und Donner

Die Gegner aus den Vereinigten Arabischen Emiraten baten Lothar Matthäus zum Erinnerungsfoto, Italiens Zeitungen schwelgten in Superlativen: Spätestens nach dem deutlichen 5:1 gegen den WM-Neuling aus dem Morgenland wurde die deutsche Elf endgültig zum Titelfavoriten erhoben. Nach den vier Toren gegen Jugoslawien war ein solches Schützenfest gegen die Emirate allgemein erwartet worden. Doch bis zuletzt hatten Trainer und Spieler vor überzogenen Erwartungen gewarnt. Zu deutlich steckten in ihren Köpfen noch die Erinnerungen an frühere Jahre, an das 0:1 gegen Algerien (WM 82) oder an das mühevolle 1:0 gegen Marokko (WM 86). Erinnerungen an Überheblichkeit, Unvermögen und Spott. Heilsame Erinnerungen.
Gegen die Vereinigten Arabischen Emirate spielten sie vom Anpfiff an so konzentriert, als handele es sich bereits um das Endspiel. Begleitet von Blitz und Donnerhall, erteilten sie den Arabern eine fast fehlerfreie Lehrstunde, wofür die sich auch noch artig bedankten: »Wir sind dankbar dafür, daß wir diese einmalige Chance bekamen und gegen die Deutschen spielen durften«, sagte deren brasilianischer Trainer Carlos Alberto Perreira. Glücklicherweise war die Haltung der Spieler nicht ganz so demütig wie die Worte des Trainers. Sie brachten mit ihrem Anschlußtreffer zum 1:2 Farbe ins Spiel.

Nach einer Ecke von Littbarski stieg Rudi Völler hoch und köpfte den Ball in Richtung Tor (5:1). Möglicherweise hatten im Anschluß an den Völler-Kopfball noch die Abwehr-Brüder E.M. und I.M. Abdulrahman Hände oder Füße im Spiel.

D BR DEUTSCHLAND - KOLUMBIEN

1:1

19. Juni 1990 in Mailand (0:0)
BR Deutschland: Illgner, Reuter, Augenthaler, Buchwald, Berthold, Pflügler, Häßler (88. Thon), Matthäus, Bein (46. Littbarski), Völler, Klinsmann.
Kolumbien: Higuita, Escobar, G. Gomez, Herrera, Perea, G.J. Gomez, Valderrama, Alvarez, Rincon, Fajardo, Estrada.
Schiedsrichter: Snoody (Nordirland).
Tore: 88. Littbarski, 90. Rincon.
Zuschauer: 72 510.

Ein Dämpfer zur rechten Zeit

Weltmeister kann nur werden, wer die beste Auswechselbank hat. Gesagt hat es niemand, bekannt ist es allen. Und genau an der Qualität der deutschen Ersatzspieler kamen erste Zweifel auf, als Teamchef Franz Beckenbauer seine zuvor so überzeugende Formation gegen Kolumbien ändern mußte.

Andreas Brehme war der erste deutsche Spieler, der von der harten Welle bei dieser WM betroffen und nach zwei Verwarnungen gesperrt war. Für ihn kam Hans Pflügler in die Mannschaft, doch ein Ersatz war er nicht. Im übrigen kamen die Deutschen mit der konsequenten Taktik der Kolumbianer nicht zurecht: Sie erwarteten die deutschen Angriffe schon kurz hinter der Mittellinie, machten das Spiel damit sehr eng und ließen die Deutschen immer wieder ins Abseits laufen. Langsam im Aufbau, ungenau im Abspiel – kein Wunder, daß deutsche Torchancen selten waren. Der Ausgleich jedenfalls war, wenngleich erst in der Nachspielzeit erzielt, für Kolumbien hochverdient. Franz Beckenbauer gewann ihm sogar noch einen positiven Aspekt ab: »Vielleicht war das ein Dämpfer zur rechten Zeit.«

Kolumbiens lauffreudiger Torwart Higuita hat seine Auszeit genommen und beäugt vom Rasen aus den spannungsgeladenen Disput zwischen dem Mittelfeldler Gabriel Jaime Gomez und Rudi Völler. Rechts kommt Hilfe in Gestalt des Abwehr-Recken Perea.

JUGOSLAWIEN - VA EMIRATE

Stürmer Zlatko Vujovic hatte nicht viel Mühe, sich gegen Ibrahim Meer Abdulrahman (oder seinen Zwillingsbruder Eissa Meer) durchzusetzen. Rechts: Keine Abgesandten der Emirate, sondern Zuschauer mit Thobe und Ghutra, der Kluft der arabischen Halbinsel.

4:1

19. Juni 1990 in Bologna (2:1)
Jugoslawien: Ivkovic, Stanojkovic, Spasic, Hadzibegic, Jozic, Brnovic, Susic, Stojkovic, Sabanadzovic (78. Prosinecki), Pancev, Vujovic (64. Vulic).
VA Emirate: Faraj, K.G. Mubarak, I.M. Abdulrahman, E.M. Abdulrahman, Al Haddad, Jumaa (46. F.K. Mubarak), A.M. Abdullah, Abbas, N.K. Mubarak (34. Sultan), K.I. Mubarak, Al Taliyani.
Schiedsrichter: Takada (Japan).
Tore: 4. Susic, 8. und 46. Pancev, 21. Jumaa, 90. Prosinecki.
Platzverweis: 76. K.G. Mubarak.
Zuschauer: 27 833.

Zwei Tore von Pancev - doch der Vergleich mit Gerd Müller hinkt

»Bin ich zum Laufen da oder zum Tore schießen?« pflegte Darko Pancev herausfordernd zu fragen, wenn ihm wieder einmal seine minimale Laufarbeit vorgeworfen wurde. Als Stürmer war er natürlich für Tore zuständig, doch erst im dritten Spiel kam er seiner Verpflichtung nach. Ausgerechnet die schwächsten Gruppengegner, die WM-Neulinge aus den Vereinigten Arabischen Emiraten, mußten herhalten, um Pancevs angekratztes Image aufzupolieren. Mit zwei Treffern konnte sich Jugoslawiens vielgepriesener Stürmerstar zwar halbwegs rehabilitieren, doch die Rechtfertigung seines Beinamens »Gerd Müller Jugoslawiens« blieb er schuldig. Der Vergleich mit dem Deutschen entpuppte sich bestenfalls als werbewirksame Hochstapelei.
Überhaupt weckte der verschwenderische Umgang mit Superlativen allenfalls überzogene Erwartungen. Gerechtfertigt wurde er nie. Weder von Spielmacher Dragan Stojkovic, der als teuerster Spieler Jugoslawiens für sagenhafte 16 Millionen Mark vom französischen Meister Olympique Marseille verpflichtet wurde, noch von der Mannschaft, die vor Turnierbeginn als WM-Geheimtip gehandelt wurde. Ihre Leistung gegen die Emirate war zwar gut genug, um einen Pflichtsieg herauszuspielen, sie war aber auch schwach genug, um den arabischen Amateuren einen passablen Abgang zu ermöglichen: Trotz dreier Niederlagen traten die Araber erhobenen Hauptes die Heimreise an.

Einem Tor folgt Jubel, das ist unabänderlich. Von links: Pancev, Susic (die nicht ganz sichtbare Nr. 8), Stojkovic, Stanojkovic, Sabanadzovic.

Gruppe E

Nur ein Spiel war es wert

Wer sich noch an 1982 oder an 1986 erinnert, dem wird der Charakterkopf geläufig sein: Guy Thys hatte bereits damals die belgische Mannschaft betreut. Mittlerweile hatte sich der schweigsame Mann längst auf sein Altenteil begeben. Aber als seine Nachfolger mit den Spielern nicht richtig zurechtkamen, ließ Thys sich noch einmal überreden – er wurde sein eigener Nachfolger – hundert Tage vor Beginn dieses Championats. Vielleicht wollte er ein wenig von der Vergangenheit zurückholen: Vor vier Jahren hatten die Belgier im Spiel um den dritten Platz gestanden, und als sie dann als Vierte heimkehrten, wurden sie in Brüssel bejubelt wie ein Weltmeister. Nie zuvor hatte eine belgische Mannschaft so hervorragend abgeschnitten. Jetzt, drei Monate vor dem Anpfiff, holte sich Guy Thys einige von den Alten wieder ins Team zurück und brachte es fertig, sie als Korsettstangen zu den Jüngeren zu stellen. Und auf einmal hatten sie in Belgien wieder eine Mannschaft, die sich sehen lassen konnte. Im alten Verona gab es nach einem mühseligen Sieg über Südkorea einen glänzenden Erfolg über Uruguay: Das war der Punkt, an dem Guy Thys tatsächlich glauben konnte, das alte Team sei wieder neu erstanden – glänzend dirigiert von dem Sohn italienischer Eltern, Enzo Scifo, und dem älteren Ceulemans, dem sogar ein Tor gelang, als man einen Spieler weniger auf dem Platz hatte. Die abschließende Niederlage gegen Spanien war keineswegs deprimierend – man hatte ordentlich gespielt, und es war auch ein bißchen Pech dabei, als Scifo einen Elfmeter gegen die Latte schoß. Obgleich solche Zusammenhänge etwas problematisch sind, sollte man zumindest darauf hinweisen: Vier Jahre zu vor in Mexiko hatten die Belgier gegen Spanien im Viertelfinale nach Elfmeterschießen gewonnen. Eine späte Revanche also.

Er bewachte mit Argusaugen das Höllentor der »Roten Teufel« aus Belgien: Michel George Preud'Homme, 31 Jahre alt, in stilleren Zeiten Torhüter beim KV Mecheln. Im Vorrundenspiel gegen Spanien verursachte er ein Elfmeterfoul an Spaniens Sturmspitze Julio Salinas.

Tabelle der Gruppe E

12.06.90	Verona	Belgien – Südkorea	2:0 (0:0)
13.06.90	Udine	Uruguay – Spanien	0:0
17.06.90	Verona	Belgien – Uruguay	3:1 (2:0)
17.06.90	Udine	Südkorea – Spanien	1:3 (1:1)
21.06.90	Verona	Belgien – Spanien	1:2 (1:2)
21.06.90	Udine	Südkorea – Uruguay	0:1 (0:0)

1. Spanien	3	2	1	0	5:2	5:1
2. Belgien	3	2	0	1	6:3	4:2
3. Uruguay	3	1	1	1	2:3	3:3
4. Südkorea	3	0	0	3	1:6	0:6

Selbstbewußt waren sie, die Kicker mit den langen Namen aus dem Süden Koreas. Und sie spielten mit großem Einsatz, aber das reichte nicht fürs Achtelfinale. Mit einem Ehrentreffer traten sie die Heimreise ins Land der Morgenstille an.

Die Sieger der Gruppe E. Unten rechts bemüht sich Belgiens Vanderelst, den Spanier Martin Vazquez und den Ball einzuholen, daneben meint es Uruguays Ruben Sosa gut mit Belgiens Preud'Homme. Rechte Seite unten: Der Belgier Jan Ceulemans bejubelt seine Wiederauferstehung als »Roter Teufel«.

Wenn man von dem Spiel Belgien–Uruguay absieht, kann man sicherlich nicht sagen, daß in dieser Gruppe besonders erinnerungswürdige Begegnungen stattfanden. Von den kleinen Spielern aus Südkorea hatte man das auch kaum erwartet. Sie hatten ihre Qualifikation in Asien zwar glänzend geschafft, aber der einzige Respekt, den man ihnen jetzt entgegenbrachte, resultierte aus den Ergebnissen der angeblich »Kleinen« in den anderen Gruppen. Nur jene aus Uruguay hielten nichts von dieser Art Respekt – und deshalb schrammten sie haarscharf an einem peinlichen torlosen Unentschieden vorbei. Das einzige Tor erzielten sie endlich in der zweiundneunzigsten Minute gegen nur zehn Spieler aus Korea: Der Schiedsrichter hatte Deuk-Yeo Yoon vom Platz gestellt – nicht etwa wegen eines bösen Fouls, sondern wegen ›Verzögerung des Spiels‹. Es war nur eines von vielen Beispielen bei diesem Turnier, bei dem die Unparteiischen einiges Kopfschütteln ernteten. Der Weltverband hatte sie alle vorher zur strengen Auslegung der Regeln ermahnt – die einen taten es, andere taten es nicht, und noch einmal andere wurden durch die Anweisung eher verunsichert. Eine Verunsicherung, die sich mit Sicherheit auf die Spieler übertrug, die hier bereits eine gelbe Karte vorgezeigt erhielten, weil sie den Pfiff des Schiedsrichters in dem Lärm und Trubel überhört hatten – beim nächsten Mal aber böse getreten

wurden, ohne daß der Treter auch nur einen strafenden Blick erhielt. Es ist ein Problem, bei dem es eingehenderer Überlegungen bedarf. Es wird beispielsweise nicht gelöst, wenn der offizielle Schiedsrichter-Beobachter auf der Tribüne ein netter Herr um die Achtzig ist!
Ach ja – Uruguay: Es gibt kaum eine Mannschaft auf der Welt, der man neben technischer Brillanz auch so viel knochenhartes Durchsetzungsvermögen nachsagt. Jeder der Trainer dieses Teams ist in den letzten Jahren mit der Versicherung angetreten, daß sich alles geändert habe – daß man nunmehr zur Eleganz gekommen sei und die Treterei der Vergangenheit angehöre. Es mag zwar besser geworden sein, aber die verbliebenen Zweifel sind berechtigt.
Fußball aus Uruguay – das ist immer auch ein bißchen Überlebenskampf, der auf ein hundert Meter langes Spielfeld komprimiert wird. Als sie sich beim Gruppenspiel gegen Spanien torlos trennten, konnte man manchmal den Eindruck haben, daß die cleveren Spanier in vielen Situationen lieber den Fuß zurückzogen, um sich die Knochen für spätere Gelegenheiten gesund zu erhalten. Wenn man sich sicher genug ist, daß das klappt, kann man auch auf diese Weise in ein Achtelfinale einziehen – die Spanier mit ihrer routinierten Elf besaßen offensichtlich diese Sicherheit.

Dieter Kürten

Aida und die Belgier

Im Theater gibt es ein berühmtes, vernichtendes Urteil, in dem es heißt: Als ich um elf auf die Uhr schaute, war es leider erst halbneun. Ähnliches ließe sich von Fußballspielen sagen, bei denen man nach zwanzig Minuten getrost entschlummern kann und nach eineinhalb Stunden nichts versäumt hat. Aber dieses Spiel zwischen den Belgiern und jenen aus Uruguay gehörte nicht zu den langweiligen – und der Vergleich mit der Bühne bot sich nur an, weil sie hier jene tausendjährige Arena haben, wo sie Aida gewaltiger aufführen als irgendwo sonst auf der Welt, und jenen Balkon, bei dem sich die Liebenden streiten, ob es denn nun die Nachtigall war oder doch die Lerche. Natürlich ist die Dramaturgie eines Fußballspiels nicht vorgegeben – es entwickelt seine eigene. Wer redete denn bisher von denen aus Belgien, die so wunderbar erfrischend spielten – die ein Tor erzielten, und noch eines, und als ihnen der Schiedsrichter einen Mann vom Felde schickte, sogar ein drittes. Im Sport liebt man die, die angeblich zu den Schwächeren gehören – und wenn sie dann auch noch gewinnen, könnte solch ein Spiel drei Stunden dauern. Wer hatte denn bis dahin schon die Belgier auf seiner Liste? Die Fußballbühne in Verona gebar Helden, an die niemand zuvor dachte – Herz, was willst du mehr!?

Ulrich Kaiser

George B. Smith, Ingenieur aus Schottland, zeigt den Italienern De Napoli, Giannini und Schillaci die rechte Ballposition.

George Courtney ist Lehrer in England. Seine Pfiffe im Bild rechts und im Bild rechts daneben galten den Vereinigten Arabischen Emiraten und Kolumbien.

Erik Fredriksson, Buchprüfer aus Schweden (mit Bessonow, UdSSR), erhielt eine Pfeif-Sperre (oben).

Helmut Kohl mit Spaniens Michel. Angestellter aus Österreich (rechts).

Ganz rechts: Emilio Soriano Aladren, Verkaufsleiter, Spanien, bringt Ägyptens Shobeir auf die Beine.

Sie sind die Herren der Gelben und Roten Karten, der blitzschnellen Urteile und Fehlurteile, sind Ankläger, Richter, Vollstrecker in einer Person.

Links: Carlos A. Silva Valente, Angestellter aus Portugal, verwarnt Rumäniens Hagi.

Ganz links: Tullio Lanese, italienischer Angestellter, vergibt eine Gelbe Karte an Brasilien. Galvao (21) ist fassunsgslos.

Unten: Österreichs Helmut Kohl beim Disput mit Uruguays Perdomo.

Vincent Mauro, Ingenieur, USA. Fels in der WM-Brandung, hart aber herzlich (ganz links).

Juan Daniel Cardellino, Verkäufer aus Uruguay. Bestimmt und richtungsweisend.

Lehrer Luigi Agnolin aus Italien, Lehrer; umstrittener »Maradona an der Pfeife«.

2:0

12. Juni 1990 in Verona (0:0)
Belgien: Preud'Homme, Gerets, Clijsters, Demol, De Wolf, Versaval, Emmers, Vanderelst, Scifo, Degryse, Van der Linden (46. Ceulemans).
Südkorea: In-Young Choi, Kyung-Joon Park, Kang-Hee Choi, Yong-Hwan Chung, Sang-Bum Gu, Myung-Bo Hong, Soo-Jin Noh (62. Tae-Ho Lee), Joo-Sung Kim, Young-Jin Lee (46. Min-Kook Cho), Soon-Ho Choi, Seon-Hong Hwang.
Schiedsrichter: Mauro (USA).
Tore: 52. Degryse, 63. De Wolf.
Zuschauer: 32 790.

Belgien jubelt: »Enzo hier, Enzo da, Enzo wunderbar«

Belgiens Erfolg trug einen italienischen Namen: Enzo Scifo, als Sohn italienischer Eltern in Belgien geboren. Die Belgier sicherten sich schon 1980 durch die Erteilung eines belgischen Passes die Talente des hochbegabten Fußballspielers. Nach einem vielversprechenden Einstand im Profilager blieb Scifo aber lange den Beweis für das Vertrauen in sein Können schuldig. Jahrelang kämpfte er mit den typischen Problemen eines Jungstars: Maßlose Selbstüberschätzung und die mangelnde Bereitschaft, auch ungeliebte Aufgaben wahrzunehmen, machten schon sein Auftreten bei der WM 86 und der EM 88 zu einer Enttäuschung.

Seine großartige Leistung gegen die temperamentvollen Südkoreaner aber überstrahlte die Schatten der Vergangenheit. »Enzo hier, Enzo da, Enzo wunderbar«, sangen die Fans angesichts der perfekten Vorstellung des kleinen Spielmachers. Seine elegante Ballführung, die unwiderstehlichen Dribblings (eines führte zum 1:0 durch Marc Degryse) und die klugen Pässe weckten Erinnerungen an den jungen Maradona. Und Kapitän Eric Gerets lobte gar: »Scifo ist mittlerweile auch in der Defensive sehr wertvoll.« Auf Scifo trafen in diesem Spiel all jene Attribute zu, mit denen der große Franzose Michel Platini einst einen »Patron auf dem Spielfeld« charakterisiert hatte: »Der Patron ist der absolute Chef. Er zieht den Ball an wie ein Magnet. Und er ist höchste Autorität.« In einem Wort: Scifo.

Technisch sehr versiert, dazu diszipliniert, temperamentvoll und wenig effektiv – das waren einige der Prädikate, die Südkoreas WM-Elf im Bentegodi-Stadion charakterisieren sollten. Und die Kims, Parks und Lees lächelten dazu, sehr freundlich und sehr asiatisch. Auf dem Bild beobachtet 1:0-Torschütze Degryse (9) einen tieffliegenden Koreaner.

BELGIEN - SÜDKOREA

E

Es dauerte, bis Belgien Tritt gefaßt hatte, aber dann standen die Koreaner buchstäblich im Regen. In-Young Choi hatte keine Chance gegen De Wolfs 20-Meter-Schuß (links). Vorn Sang-Bum Gu (17) und Ceulemans (11). Unten: Belgiens Vanderelst (senkrecht) läßt sich von Koreas Abwehrspieler Yong-Hwan Chung (waagerecht) nicht sonderlich beeindrucken.

Ganz links: Belgischer Jubel nach dem Bogenlampen-Tor von Marc Degryse (mit erhobener Faust), Emmers, Scifo und Gerets. Die Südkorea-Verschwörung (links) fiel ins Wasser.

0 : 0

13. Juni 1990 in Udine (0:0)
Uruguay: Alvez, Gutierrez, De Leon, Herrera, Dominguez, Perdomo, Francescoli, Paz, R. Pereira (64. Correa), Alzamendi (64. Aguilera), Sosa.
Spanien: Zubizarreta, Chendo, Jimenez, Andrinua, Sanchis, Martin Vazquez, Villaroya (79. Gorriz), Roberto, Michel, Butragueno, Manolo (79. Rafa Paz).
Schiedsrichter: Kohl (Österreich).
Zuschauer: 35 713.

Erst das zwölfte Spiel blieb torlos

In der 72. Minute wurde die ganze Erbärmlichkeit des Spiels auf einen einzigen Moment komprimiert. Nach einem Handspiel des Spaniers Villaroya lief Uruguays Stürmerstar Ruben Sosa zum Elfmeter an – Sekunden später aber war auch diese Chance vergeben. Nach einem torreichen WM-Auftakt fiel im zwölften Vorrundenspiel zum erstenmal kein Tor.

Spaniens Trainer Luis Suarez faßte die Darbietung seiner Mannschaft später in einem einzigen Satz zusammen: »Wir waren nicht auf der Höhe des Geschehens.« Sein Kollege Oscar Washington Tabarez sinnierte derweil über ein anderes Problem: »Wir müssen gewinnen lernen«, verlangte er. Aber das braucht Geduld. Zunächst einmal war Tabarez schon froh über den Imagegewinn, den seine Mannschaft sich gegen die Spanier erspielt hatte. Bei der WM 86 in Mexiko noch als böse Buben verschrien, erntete Uruguay angesichts unverkennbarer spielerischer Fortschritte internationale Anerkennung. »Vor allem Ruben Sosa hat super gespielt«, lobte Frankreichs Idol Michel Platini. Sosas einzige Schwäche: Siehe oben.

»Wir spielen jetzt kultiviert und kreativ«, hatte Uruguays Trainer Tabarez vor der WM versprochen. Nur zwei gelbe Karten für seine Elf scheinen zu bestätigen, daß ihr Image als Rasen-Rabauken vom Rio de la Plata nicht mehr gerechtfertigt ist. Nur mit der Kreativität wollte es nicht so ganz klappen, und Ruben Sosa (11) schoß einen Elfmeter und damit einen Uru-Sieg in den Himmel über Udine. Über Spaniens Jimenez (3) und Andrinua (4) gab es noch weniger zu sagen.

3:1

17. Juni 1990 in Verona (2:0)
Belgien: Preud'Homme, Gerets, Clijsters (46. Emmers), Demol, Grün, De Wolf, Versavel (75. Vervoort), Vanderelst, Scifo, Ceulemans, Degryse.
Uruguay: Alvez, Gutierrez, De Leon, Herrera, Dominguez, Perdomo, Ostolaza (56. Bengoechea), Francescoli, Paz, Alzamendi (46. Aguilera), Sosa.
Schiedsrichter: Kirschen (DDR).
Tore: 14. Clijsters, 25. Scifo, 47. Ceulemans, 71. Bengoechea.
Platzverweis: 42. Gerets.
Zuschauer: 33 759.

Belgien: Traumfußball der betagten Herren

20 Jahre lang hatte der zweimalige Weltmeister Uruguay kein WM-Spiel mehr gewonnen, und die Leistung gegen Belgien gab keinen Anlaß zu der Hoffnung, daß sich daran so schnell etwas ändern könnte. Umständlich und behäbig im Mittelfeld, ungenau und unüberlegt im Abschluß, waren die Südamerikaner nicht in der Lage, sich nach dem Platzverweis von Eric Gerets gegen nur zehn Belgier einen Vorteil zu erspielen. Sein Fehlen wurde von den Mitspielern hervorragend kompensiert. Kraftsparend und äußerst effektiv ihre Taktik, die jeweils ballführenden Gegner so stark in Bedrängnis zu bringen, daß ein genaues Abspiel unmöglich wurde. Spätestens der vierte Paß landete als Fehlpaß in den Reihen der Belgier. Die hatten zwar mit Eric Gerets (36 Jahre), Leo Clijsters (34), Jan Ceulemans (33) und Michel de Wolf (32) gleich vier betagte Herren in ihren Reihen, präsentierten aber Fußball modernster Prägung. Mit schnellem, direktem Kombinationsspiel tauchten sie immer wieder überfallartig im Strafraum Uruguays auf. Bemerkenswert die Leistung des zwischenzeitlich schon ausgemusterten Stürmers Jan Ceulemans. Er erzielte kurz nach der Pause das vorentscheidende 3:0 und sorgte später durch geschicktes Ballhalten für die Entlastung seiner Mitspieler.

Zwei handbetonte Torjubel-Gesten wurden bei der WM favorisiert und je nach Spieler-Temperament und Tor-Wichtigkeit eingesetzt: Einmal die trotzig geballte, in Richtung Himmel gereckte Becker-Faust und zum anderen die in alle möglichen Richtungen ausgestreckten Zeigefinger, etwa wie bei Enzo Scifo im Bild oben. Spielmacher Scifo brillierte wieder mit ideenreichen Traumpässen und absolutem Weltklasse-format. Vor ihm Belgiens erfahrener Altmeister Jan Ceulemans, der von zwei Teamkollegen freudig gewürgt wird. Linke Seite: Patrick Felix Vervoort (22) versucht, Uru-Abwehrspieler Nelson Gutierrez mit einem Polizeigriff vom Ball zu trennen.

SÜDKOREA - SPANIEN

1:3

17. Juni 1990 in Udine (1:1)
Südkorea: In-Young Choi, Kyung-Joon Park (68. Jong-Soo Chung), Kang-Hee Choi, Myung-Bo Hong, Deuk-Yeo Yon, Hae-Won Chung (52. Soo-Jin Noh), Kwan Hwangbo, Joo-Sung Kim, Sang-Bum Gu, Byung-Joo Byun, Soon-Ho Choi.
Spanien: Zubizarreta, Chendo, Andrinua, Sanchis, Gorriz, Martin Vazquez, Villaroya, Roberto (81. Bakero), Michel, Butragueno (76. Fernando), Salinas.
Schiedsr.: Jacome Guerrero (Ekuador).
Tore: 23. Michel, 43. Kwan Hwangbo, 60. und 80. Michel.
Zuschauer: 32 733.

Die spanische Steigerung: Michel zum ersten, zum zweiten und zum dritten

Nach vierundzwanzig langen Minuten brüllte sich Spaniens Mittelfeldstar Michel den Frust von der Seele: Mit einem gewaltigen Aufschrei befreite er sich aus der Umklammerung der Selbstzweifel, die sich in den Tagen zuvor wie lähmende Fesseln um die Mannschaft gelegt hatten.
Michels Volleyschuß zum 1:0 gegen Südkorea war das erste WM-Tor für die Spanier, die großspurig das Erreichen des Finales zum Minimalziel erklärt hatten. Ein entsprechendes Plakat hing übermannsgroß im Mannschaftsquartier. Nach der kläglichen Leistung gegen Uruguay hatte selbst Kapitän Emilio Butragueno schon das Erreichen des Achtelfinales in Frage gestellt. Alles oder nichts, himmelhoch jauchzend oder zu Tode betrübt – die temperamentvollen Spanier bewegten sich stets zwischen den Extremen.
Entsprechend war die Leistung gegen Südkorea. Der spanischen Führung folgte zunächst ein mit Entsetzen registriertes Glücks-Tor der Asiaten durch Kwan Hwangbo, bevor Michel mit seinem zweiten Treffer das Selbstvertrauen seiner Mitspieler wieder stärkte. Im Gefühl der Überlegenheit wurden sie danach immer sicherer. Im Mittelfeld wirbelten Villaroya und Martin Vazquez. Butragueno deutete seine Torgefährlichkeit an. Und Michel. Immer wieder Michel. Es wurde sein Tag. Mit seinen ersten beiden Toren hatte er seine Mitspieler aufgerichtet, mit seinem dritten stellte er endgültig klar, wem dieser Erfolg zu danken war: Michel.

Linke Seite: Emilio Butragueno, »der Geier« genannt, zog weitgehend unbehelligt von der Korea-Abwehr um Kyong-Joon Park (2) seine Kreise. Links: Der Matador des spanischen Abends im Friuli-Stadion von Udine war ein Mann mit dem klangvollen Namen José Miguel Gonzáles Martinez de Campo, kurz und unpoetisch Michel (21) genannt. Seine Mitjubler sind Roberto und Alberto Gorriz (14).

E

1 : 2

21. Juni 1990 in Verona (1:2)
Belgien: Preud'Homme, Albert, Demol, De Wolf, Emmers (31. Plovie), Vanderelst, Scifo, Ceulemans, Staelens (78. Van der Linden), Vervoort, Degryse.
Spanien: Zubizarreta, Chendo, Andrinua, Sanchis, Gorriz, Martin Vazquez, Villaroya, Roberto, Michel, Butragueno (82. Alcorta), Salinas (88. Pardeza).
Schiedsr: Loustau (Argentinien).
Tore: 26. Michel, 30. Vervoort, 38. Gorriz.
Zuschauer: 35 950.

Würdevoll jubelnder Michel nach seinem 4. WM-Treffer, einem Elfmeterschuß, den Preud'Homme um ein Haar gehalten hätte (links).

Unten: Andoni Zubizarreta in Spaniens Tor wurde von Vanderelst und Co. hart geprüft. Ganz unten: Enzo Scifo (10) traf beim Elfmeter exakt die Torlatte.

BELGIEN - SPANIEN

Ein königliches Vergnügen

Sogar Spaniens Königspaar Sophie und Juan Carlos war nach Verona gereist, um sich von den Fortschritten seiner Untertanen ein Bild zu machen. Und das Spiel erwies sich seines hoheitlichen Besuchs tatsächlich als würdig.
Beide Mannschaften hatten die Qualifikation für das Achtelfinale schon sicher, waren aber keineswegs darauf bedacht, sich für kommende Aufgaben zu schonen. Im Gegenteil. Konzentriert und entspannt zugleich, engagiert aber nicht verkrampft, erspielten sie sich eine Vielzahl von Chancen. Trotzdem fiel keines der drei Tore aus dem Spiel heraus. Spaniens Führung resultierte aus einem Elfmeter, Belgiens Ausgleich und Spaniens Siegtreffer jeweils aus einem Freistoß.
Der Torfluß versiegte zwar schon nach vierzig Minuten, doch der Unterhaltungswert dieses sehenswerten Spiels litt darunter keineswegs. Es blieb bis zum Schlußpfiff ein wahrhaft königliches Vergnügen. Dabei mußten die Belgier ihre zuvor so erfolgreiche Formation aufgrund von Verletzungen (Clijsters, Grün, Versavel) und der Sperre für Gerets auf vier Positionen ändern. Unverändert dagegen die Spanier, deren Trainer Luis Suarez hartnäckig an seiner Wunschelf festhielt. Vor allem das sogenannte Trio der Unantastbaren, Zubizarreta, Michel und Butragueno, rechtfertigte das Vertrauen des Trainers, den die kontinuierliche Leistungssteigerung seiner Elf optimistisch stimmte: »Uns stehen nun alle Möglichkeiten offen.«

Patrick Felix Vervoort (oben) ließ Belgien mit seinem 1:1-Ausgleich durch einen abgefälschten Freistoß aufatmen. Aber die Atempause dauerte nicht lang: Acht Minuten später köpfte Gorriz aus nur sieben Metern Entfernung den Ball in Belgiens Tor.

SÜDKOREA - URUGUAY

Bild oben: Kein Tor – aber das wußten in diesem Sekundenbruchteil weder die Urus Martinez (17) und Francescoli (9), noch der etwas tor-ferne Korea-Keeper In-Young Choi (21) und seine Abwehrleute Jong-Soo Chung (13) und Myung-Bo Hong (20). Rechts: Die Südkorea-Reservebank im Glashaus. Rechte Seite: Von der Ersatzbank kam auch Daniel Fonseca (geherzt von De Leon). Er rettete Uruguays Achtelfinalteilnahme.

0:1

21. Juni 1990 in Udine (0:0)
Südkorea: In-Young Choi, Kyung-Joon Park, Kang-Hee Choi, Jong-Soo Chung, Myung-Bo Hong, Deuk-Yeo Yoon, Kwan Hwangbo (79. Hae-Won Chung), Heung-Sil Lee, Joo-Sung Kim, Byung-Joo Byun (43. Seon-Hong Hwang), Soon-Ho Choi.
Uruguay: Alvez, Gutierrez, De Leon, Herrera, Dominguez, Perdomo, Ostolaza (46. Aguilera), Francescoli, Paz, Martinez, Sosa (62. Fonseca).
Schiedsrichter: Lanese (Italien).
Tor: 92. Fonseca.
Platzverweis: 70. Deuk-Yeo Yoon.
Zuschauer: 29 039.

Die Stars versagten - nur Ersatzmann Fonseca traf

In Ermangelung erfreulicher Anlässe verlegte sich Uruguays Trainer Oscar Washington Tabarez aufs Sinnieren: »Fußball ist wie das Leben. Das Leben ist wie die Geschichte. Nur die Sieger schreiben die Kapitel der Geschichte. Für Verlierer ist kein Platz.« In Tabarez' Alltagsphilosophie blieb allerdings jene Variante unerwähnt, die seine Mannschaft mit dem 1:0-Sieg über Südkorea vorführte. Spätestens nach diesem Spiel nämlich war klar, daß Uruguays Fußball trotz des Sieges zu den Verlierern dieser WM zählte. Und dieser Verlierer wurde für seine indiskutable Leistung auch noch mit einem Platz im Achtelfinale belohnt.

Ermöglicht wurde Uruguays Sieg ohnehin nur durch Schiedsrichter Tullio Lanese (Italien). Der sah auch nach neunzig erschreckend schwachen Minuten noch keine Veranlassung, dieses Trauerspiel zu beenden, sondern ließ erbarmungslos nachspielen. Eine Entscheidung mit späten Folgen. Denn erst in der 92. Minute rettete der 20jährige Ersatzmann Daniel Fonseca Uruguays enttäuschende Startruppe noch vor dem schon sicher scheinenden Ausscheiden. Stellvertretend für die im Stadion anwesenden 29000 Leidtragenden dieses Spiels gestand Trainer Tabarez später: »So habe ich noch nie gelitten.«

Gruppe F

Fünfmal nix und ein Tor

Es gibt eine kabarettistische Vorstellung von einer Fußball-Liga: Was ist, wenn alle Spiele einer Saison unentschieden enden? Was ist, wenn sie spielen und spielen und es ist nicht möglich, einen Meister zu ermitteln, weil es keinen Ersten und keinen Letzten gibt und alle gleich sind – und niemand gleicher?! Eine utopische Vorstellung? Bei den Spielen jener Gruppe, die man wegen ihrer Fans nach Palermo auf Sizilien und Cagliari auf Sardinien verbannt hatte, sah es lange Zeit so aus, als würde sie zur Realität. Die ersten vier Begegnungen von insgesamt sechs endeten allesamt unentschieden! Man stelle sich vor: Es spielen England gegen Irland, die Niederlande gegen Ägypten, England gegen die Niederlande und Irland gegen Ägypten – und es gibt keinen Sieger. Immerhin: Der Weltverband hat einen solch theoretischen Fall für durchaus möglich gehalten und sich dafür entschieden, das schwierige Problem durch das Los entscheiden zu lassen. Selbst wenn es oft schwerfällt, Entscheidungen des Weltverbandes nachzuvollziehen, muß man zugeben: Was – um Himmels willen – sollte man in einem solchen Fall anderes machen? So also war die Situation vor dem letzten Abend.

Dabei hatte es doch so ausgesehen, als seien die Holländer hier gar nicht ernsthaft zu gefährden. Sie brachten fast die gleiche Mannschaft mit, mit der sie zwei Jahre zuvor so glanzvoll die Europameisterschaft gewonnen hatten. Marco van Basten beispielsweise, den man zu den Weltstars zählt, oder auch Ruud Gullitt trotz seiner nahezu einjährigen Pause und drei Operationen am Knie, oder auch Frank Rijkaard. Trainer Beenhakker (welch schöner Name für einen Fußballer!) hatte Real Madrid dreimal zu spanischen Meisterehren geführt, bevor es ihn wieder heimzog, wo er auf Anhieb mit Ajax Amsterdam das Championat errang. Es

Der erste Auftritt Hollands auf der Italien-WM endete mit einem blamablen 1:1 gegen die Ägypter. Auf dem Bild ein etwas schwerfälliger Ruud Gullit gegen den Abwehrspieler Hesham Yakan. Was für Holland ein Fiasko bedeutete, war in Ägypten eine Feier wert: Freudentaumel in Kairo, Verkehrschaos und telegrafischer Präsidenten-Glückwunsch.

Tabelle der Gruppe F

11.06.90	Cagliari	England–Irland	1:1 (1:0)
12.06.90	Palermo	Holland–Ägypten	1:1 (0:0)
16.06.90	Cagliari	England–Holland	0:0
17.06.90	Palermo	Irland–Ägypten	0:0
21.06.90	Cagliari	England–Ägypten	1:0 (0:0)
21.06.90	Palermo	Irland–Holland	1:1 (0:1)

1. England	3	1	2	0	2:1	4:2
2. Irland	3	0	3	0	2:2	3:3
3. Holland	3	0	3	0	2:2	3:3
4. Ägypten	3	0	2	1	1:2	2:4

F

Glaube versetzt Berge und vielleicht auch den Gegner: Der Ägypter Youssef (rechts) küßt den Koran. Yassein (3) sieht zu und sorgt unten dafür, daß der Ire John Aldridge am Boden bleibt. Rechte Seite unten: Keiner ist es gewesen, weder der Ire Kevin Moran noch der Engländer Gary Lineker.

schien alles vorbereitet für einen kaum zu gefährdenden Einzug ins Achtelfinale für die Männer in den Oranjehemden. Und dann geschah es, daß man sich von den Ägyptern mit einem mühevollen 1:1 trennte, wobei beispielsweise Frank Rijkaard von einem jener Spieler, deren Namen man sich so schwer merken kann, nahezu schwindelig gespielt wurde. Anschließend ein torloses Unentschieden gegen die Engländer, wobei man anstatt einer Kritik besser den Mantel der Nächstenliebe über das Geschehen dekken sollte. Und zuletzt gegen die Iren nach wenigstens teilweise ordentlichem Beginn dann noch ein 1:1, wobei die Zuschauer in Scharen schon zehn Minuten vor Schluß abwanderten, als beide Mannschaften sich bemühten, nur ja keinen Fehler mehr zu begehen. Das fünfte Unentschieden also in dieser Gruppe und für voreilige Beobachter auch so etwas wie das Ende einer großen niederländischen Mannschaft – während gleichzeitig in Cagliari die Engländer gegen Ägypten spielten.

Die Engländer: Es gibt ja gar nicht so wenige Menschen, die ein Faible für englischen Fußball haben – wenn er gut gespielt wird. Niemand vermag genau zu sagen, woran es liegt, aber seit Jahren hat es kein erstklassiges englisches Nationalteam mehr gegeben. Ist es die Zwangs-Abstinenz, die es den Spitzenclubs seit der Katastrophe im Heyselstadion verbietet, an den Europapokal-Wettbewerben teilzunehmen? Eine weitere Folge jener Randalierer, die zerstörend durch die Stadien der Welt ziehen und einen Ausdruck geprägt haben, den man vor ein paar Jahrzehnten nicht kannte – »Hooligans«. Englands Team-Manager Bobby Robson, der in den gewiß nicht zim-

Besondere Vorkommnisse

Nein – es war ganz und gar nicht lächerlich, daß man die Engländer und die aus den Niederlanden mit ihren Fans auf die Insel Sardinien geschickt hatte. Es war nicht lächerlich, weil jeder die Schrekkensbilder aus den Stadien und Städten erinnert, die nichts mit überschäumender Begeisterung zu tun hatten, sondern mit blinder Zerstörungswut. Wer begreift schon, wenn Feindseligkeit aus purer Lust geschieht? An diesem Tag in Cagliari hatten sie die großen Gruppen dieser Leute unter strikter Bewachung in das Stadion geführt – es sah aus, als würde man sie in ein Straflager bringen. Und der Eindruck verstärkte sich noch durch den Anblick der bewaffneten Soldaten, die die Blocks auf den Tribünen voneinander so absperrten, als sei hier der Ausbruch blutiger Revolutionen zu erwarten. Es war gar kein so schlechtes Spiel, das da ablief – ein bißchen altmodisch mit weit geschlagenen Bällen und viel Rennerei, aber immer spannend. Letzteres ist mehr, als man von vielen anderen Spielen dieser Weltmeisterschaft sagen konnte. Schließlich gab es keine Tore, und in diesem Falle war das gar nicht so schlecht. Wie es später hieß, habe es im Stadion keine tätlichen Auseinandersetzungen zwischen den Anhängern beider Mannschaften gegeben. Es ist nicht gut, wenn das Normale erwähnenswert wird. *Ulrich Kaiser*

Hollands Oranje-Elf stand in der Vorrunde hart am Rande des K.o. und dann: »Wir haben gegen die Iren am Anfang unser bisher bestes Spiel bei der WM gemacht«, so wird Ruud Gullit zitiert. »Am Ende aber waren wir nicht gut genug für sie.« Und da kam dann der Ire Niall Quinn und schoß den Ausgleich. So ähnlich wars im Spiel mit Ägypten (1:1), und mit den Engländern einigte man sich gleich auf ein Torlos. Im Bild nehmen Van Tiggelen (vorn) und Witschge (hinten) den Iren John Aldridge kameradschaftlich in ihre Mitte.

perlichen Zeitungen zu Hause so sehr gescholten wurde und nach dieser Weltmeisterschaft seinen Job aufgeben wollte, mochte den Sinn jener Taktik nicht einsehen, nach der man heutzutage mit einem Libero spielt. Auf Drängen der Öffentlichkeit und vor allem auch seiner eigenen Spieler gab er im letzten Spiel gegen die Ägypter nach – Mark Wright von Derby County übernahm diesen Part.

Irgendwann nach gut einer Stunde kam ein Ball weit von links vor das Tor der Ägypter, Wright hielt seinen Kopf hin und der Ball spritzte ins Tor. Durch dieses Tor wurde England Sieger der Gruppe F – und Ägypten mußte heimfahren; vielleicht weil sie sich vorher gegen Irland und Holland nicht getraut hatten, sondern ihnen das Unentschieden bereits als erstrebenswertes Ziel genügte. In sechs Spielen zu je neunzig Minuten entschied schließlich eine Zehntelsekunde der Unaufmerksamkeit darüber, wer das Achtelfinale erreichte. Zum ersten Mal bei einer Weltmeisterschaft entschied das Los über Platz 2 oder 3. Es ergab sich, daß die Niederländer in Mailand gegen die Deutschen zu spielen haben sollten.

Übrigens: Auf der Fahrt ins Stadion in Cagliari kollidierten zwei Omnibusse voller englischer Fans, viele wurden schwer verletzt, einer starb. *Dieter Kürten*

1:1

11. Juni 1990 in Cagliari (1:0)
England: Shilton, Stevens, Pearce, Walker, Butcher, Robson, Waddle, Gascoigne, Beardsley (69. McMahon), Lineker (83. Bull), Barnes.
Irland: Bonner, Morris, Staunton, McCarthy, Moran, McGrath, Houghton, Sheedy, Townsend, Aldridge (64. McLoughlin), Cascarino.
Schiedsrichter: Schmidhuber (BR Deutschland).
Tore: 8. Lineker, 73. Sheedy.
Zuschauer: 35 238.

Bieder, brav, britisch: Fußball von der Insel

Es schien, als habe selbst der Himmel Anteil genommen an dieser Weltmeisterschaft. Jedenfalls vergoß er im achten Vorrundenspiel erstmals dicke Tränen – ganz so, als hätten ihn die Leistungen der Engländer und Iren in dem bis dahin schwächsten WM-Spiel zum Weinen gebracht. Die Briten hätten sich also wie zu Hause fühlen können angesichts des gewohnt regnerischen Wetters und der Insel-Umgebung. Aus Sicherheitsgründen waren die Spiele der Engländer nämlich auf die Insel Sardinien verlegt worden, zur bestmöglichen Kontrolle der gefürchteten englischen Fans, der Hooligans.
Ohne Zwischenfälle, aber auch ohne Höhepunkte blieb das Geschehen auf dem Spielfeld. Beiden Mannschaften fehlte die spielerische Linie. Unkonzentriert und zerfahren, von vielen Ballverlusten schon im Mittelfeld geprägt, fehlte es natürlich auch an entsprechenden Torchancen. Es gab kaum mehr als die eine Chance, die auf jeder Seite auch gleich zum Tor führte. Enttäuschend vor allem die Engländer, die noch immer stolz auf ihre Vergangenheit als das Mutterland des Fußballs verweisen. Die Mutter ist alt geworden, viele ihrer Kinder sind ihr längst über den Kopf gewachsen.

Von Leuten, die dabei gewesen sind, war zu hören, daß es auf den Tribünen und Rängen des Stadio Sant'Elia in Cagliari recht laut zugegangen sei – aber es muß viel Lärm um nichts gewesen sein. Das Bild zeigt den Iren Sheedy hinten (er schoß das Iren-Tor) und den Engländer Robson vorn. Doch es hätte auch umgekehrt sein können.

HOLLAND - ÄGYPTEN

In der 83. Minute schoß Abdel Ghani (im Bild unten hat er, von Tolba unterstützt, bereits abgehoben) einen Foulelfmeter kühl an Hollands Star-Torwart Hans van Breukelen vorbei ins Netz.

Ruud Gullit, Kapitän der holländischen Nationalmannschaft (rechts), analysierte das Spielgeschehen im Favorita-Stadion von Palermo sehr bildhaft. Seiner Geste ist nichts hinzuzufügen.

Während die Oranje-Stars auf dem Rasen umherirrten, gaben holländische Fans aufmunternde Leuchtsignale. Rechts: Hollands Torschütze Kieft über Ägyptens Yassein.

1 : 1

12. Juni 1990 in Palermo (0:0)
Holland: Van Breukelen, Van Aerle, R. Koeman, Van Tiggelen, Rutjes, Rijkaard, Wouters, E. Koeman (69. Witschge), Vanenburg (46. Kieft), Gullit, Van Basten.
Ägypten: Shobeir, I. Hassan, Yassein, H. Ramzy, Yakan, A. Ramzy (69. Abdel Rahman), Youssef, Abdel Ghani, H. Hassan, Abdel Hamid (69. Tolba), Abdou.
Schiedsr: Soriano Aledren (Spanien).
Tore: 58. Kieft, 83. Abdel Ghani.
Zuschauer: 33 421.

Ägypten demonstrierte den »arabischen Stil«

Wie er die Spielweise seiner Mannschaft denn nun einordnen würde, wurde Ägyptens Trainer Mahmoud el Gohary vor dem Spiel gegen Holland gefragt. Eher europäisch oder eher südamerikanisch? »Wir spielen arabisch«, antwortete el Gohary vielsagend-nichtssagend.

Was immer der Trainer gemeint haben mag, auf jeden Fall spielte seine Mannschaft selbstbewußt-erfolgsorientiert. Nicht ein Hauch von Respekt wehte durch's Stadion La Favorita in Palermo, als die unbekannten Ägypter auf Europameister Holland trafen. Technisch erstklassig ausgebildet, trumpften sie so frech auf, als sei ihnen nicht bekannt, welche Fußball-Größen sich hinter dem Namen Marco van Basten, Frank Rijkaard und Ruud Gullit verbargen.

Mit einer Ausnahme trat Holland mit der gleichen Mannschaft an, die zwei Jahre zuvor den Europameisterschafts-Titel gewonnen hatte. Ein Erfolg, der ihr plötzlich zum Nachteil geriet: »Die Gegner kennen uns in- und auswendig. Jeder Trainer hat uns in mindestens 200 Video-Stunden analysiert«, hatte Trainer Beenhakker geklagt, aber nicht ernsthaft damit gerechnet, daß ihm ausgerechnet die Nordafrikaner ein Bein stellen würden. Offenbar hatte auch er den deutschen Ägypten-Berater Dietrich Weise nicht ernst genommen. Der hatte nämlich, von vielen belächelt, schon vor der WM gesagt: »Die Ägypter können für eine Überraschung sorgen.« Als ersten war den Holländern das Lachen vergangen.

Abdel Ghani (8) kommt seinem Torwart Shobeir bei einer allzu aufdringlichen Attacke von Hollands Frank Rijkaard (ihm wurde eine zu lässige Spielauffassung bescheinigt) zu Hilfe.

0 : 0

16. Juni 1990 in Cagliari (0:0)
England: Shilton, Pearce, Walker, Butcher, Parker, Wright, Robson (64. Platt), Waddle (58. Bull), Gascoigne, Lineker, Barnes.
Holland: Van Breukelen, Van Aerle, R. Koeman, Van Tiggelen, Rijkaard, Wouters, Gullit, Witschge, Van Basten, Van't Schip (74. Kieft), Gillhaus.
Schiedsr: Petrovic (Jugoslawien).
Zuschauer: 35 267.

Holland: Das zerstrittene Starensemble

Nachmittags hatte es in Sardiniens Hauptstadt Cagliari Auseinandersetzungen zwischen gewalttätigen Hooligans und der Polizei gegeben. Während des Spiels aber blieben die befürchteten Krawalle aus. Mit massivem Polizeiaufgebot war es gelungen, die Gewalt aus dem Stadion fernzuhalten. Nie zuvor in der Geschichte der Weltmeisterschaft waren so aufwendige Sicherheitsmaßnahmen getroffen worden wie vor der Begegnung zwischen Holland und England.

Angesichts dieser Begleitumstände rückte das sportliche Geschehen beinahe in den Hintergrund. Allerdings verhielten sich auch beide Mannschaften so, als wollten sie vermeiden, mit ihren Aktionen zum möglichen Auslöser von Krawallen zu werden. Nach ihren beiderseits enttäuschenden Auftaktspielen hatten die Trainer Beenhakker und Robson die Mannschaften zwar auf mehreren Positionen verändert, doch nur das englische Spiel profitierte davon. Den Europameistern aus Holland dagegen gelang es nie, die zwischenmenschlichen Spannungen in der Mannschaft zu vergessen. Ihr Spiel blieb ideenlos, zusammenhanglos, passiv. »Uns fehlt der Teamgeist«, stellte Stürmer Wim Kieft fest, und Torwart Hans van Breukelen kritisierte: »Keiner will sich für den anderen quälen.« Nach den holländischen Erfolgen in der Vergangenheit konnte Trainer Beenhakker nur noch eine Ansammlung von Stars aufbieten. Als Mannschaft taugten sie nicht mehr.

Marco van Basten (im wörtlichen wie im übertragenen Sinn am Boden) und sein Star-Kollege Frank Rijkaard (rechts im Bild) trugen als erwähnenswerte Leistung je einen gefährlichen Schuß auf das englische Tor bei. Paul Gascoigne (19) fand in der 90. Spielminute mit einem Freistoß-Direktschuß ins Oranje-Tor leider nicht den Beifall von Schiedsrichter Petrovic. Und so blieb es auch in diesem Gruppenspiel bei einer Nullnummer.

ENGLAND - HOLLAND

F

Die französische Sportzeitung »L'Equipe« brachte das Dilemma der holländischen Oranje-Elf auf den Punkt: »Die Orangen ohne Saft«. Englands schlagkräftiger Mittelfeldler Gascoigne kam ganz schön herum auf dem Rasen des Sant'Elia-Stadions in Cagliari. Auf dem Bild links beschäftigt er sich sehr intensiv mit Hollands Jan Wouters. Im Hintergrund Symbolik: ein oranjefarbener Ballon voller Luft.

Hollands Torwart Hans van Breukelen (ganz oben) dirigierte gesten- und listenreich seine Abwehr. Gary Linekers Kniefall (oben) läßt sich unterschiedlich interpretieren: Enttäuschung über ein ungültiges Handtor à la Maradona; nostalgische Trauer in Erinnerung an frühere Torjäger-Tage; Konditionsmängel.

F

IRLAND - ÄGYPTEN

0 : 0

17. Juni 1990 in Palermo (0:0)
Irland: Bonner, Morris, Staunton, McCarthy, Moran, McGrath, Houghton, Townsend, Aldridge (64. McLoughlin), Cascarino (84. Quinn), Sheedy.
Ägypten: Shobeir, I. Hassan, Yassein, H. Ramzy, Yakan, Youssef, Abdel Ghani, Tolba (60. Abou Zeid), H. Hassan, Oraby, Abdou (76. Abdel Hamid).
Schiedsr: Van Langenhove (Belgien).
Zuschauer: 33 288.

Ägypten und verlorene Sympathien

Sie hatten schnell gelernt, die Männer aus Ägypten. Nicht die Raumdeckung oder den Doppelpaß. Das beherrschten sie bereits vor Turnierbeginn. Neu war das Ergebnisdenken, das nüchterne, taktische Kalkül. Querpässe, Rückpässe, zaghafte Angriffe mit nicht mehr als vier Spielern – ganz eindeutig war das Spiel der Ägypter auf die Vermeidung von Fehlern, nicht aber auf Sieg ausgerichtet. Von den 33000 Zuschauern im Stadion La Favorita dafür mit gellenden Pfiffen bedacht, konnten die Spieler wenigstens ihren Trainer Mahmoud el Gohary zufriedenstellen: »Meine Mannschaft hat mit großer Intelligenz gespielt. Wir wollten den Ball in den eigenen Reihen halten und unser Spiel machen, das ist uns geglückt.«
Eine Aussage, die bezeichnend war für das gewachsene Selbstbewußtsein vor allem der Afrikaner. Vorbei die Zeiten, in denen sie sich bereitwillig in die Rolle von Punktelieferanten fügten und dafür von den Siegern mit Komplimenten und verbalen Streicheleinheiten entschädigt wurden. In ihrem Bemühen, endlich die Früchte eigener Anstrengung zu ernten, verloren sie bei Gegnern und auch Zuschauern an Sympathie.

Trainer Jacky Charlton wollte lieber nach Hause und Lachse angeln, wußte eine Zeitung zu berichten, denn: »Irlands Coach maßlos sauer über die destruktive Spielweise der Afrikaner«. Das Bild links zeigt eine der destruktiven Szenen, diesmal von den Iren inszeniert. Von links Paul McGrath als Zuschauer, Rabie Yassein (Ägypten) als Opfer und John Aldrige als Stolperfalle.

1:0

21. Juni 1990 in Cagliari (0:0)
England: Shilton, Pearce, Walker, Parker, Wright, Waddle (86. Platt), McMahon, Gascoigne, Lineker, Barnes, Bull (84. Beardsley).
Ägypten: Shobeir, I. Hassan, Yassein, H. Ramzy, Yakan, A. Ramzy, Youssef, Abdel Ghani, H. Hassan, Abdel Hamid (77. Abdel Rahman), Abdou (77. Soliman).
Schiedsr: Röthlisberger (Schweiz).
Tor: 58. Wright.
Zuschauer: 34 959.

Englands Minimalisten: Ohne Robson kopflos, aber erfolgreich

Als einziges der sechs Vorrundenspiele in der Gruppe E hatte dieses Spiel einen Sieger. Einen armseligen Sieger, einen Meister des Minimalismus, der damit auch noch Gruppensieger wurde. 0:0 gegen Holland, 1:1 gegen Irland und nun ein mageres 1:0 gegen Ägypten – zwei einsame Tore als Basis für einen Gruppensieg. Andere Teilnehmer wie die USA, Österreich oder Schottland waren mit zwei Toren ausgeschieden, England aber katapultierte sich damit an die Spitze.
Aus Angst vor einem möglichen Losentscheid hatte Trainer Bobby Robson zwar vehement einen Sieg gefordert, doch die angekündigte Offensive versandete in der ägyptischen Abwehr. Deutlich machte sich das Fehlen des verletzten Kapitäns Bryan Robson bemerkbar, dem Kopf des englischen Teams. Ohne Robson, also kopflos, blieben die Angriffe der Engländer zwangsläufig ideenlos. Zu brav und schematisch waren die Vorstöße angelegt, als daß die defensiven Ägypter ernsthafte Probleme damit gehabt hätten. Die größte Chance der ersten Halbzeit hatten gar die Afrikaner durch Magdy Abdel Ghani. Der aber scheiterte am schon 40jährigen Torwart Peter Shilton, der mit 121 Länderspielen eine Art Weltrekord aufstellte.
Es war im Sinne des Sports, daß Mark Wright das Spiel schließlich noch zu Gunsten Englands entschied. Zu unsportlich war die Einstellung der Ägypter, deren Trainer Mahmoud el Gohary vorab erklärt hatte: »Wir haben nichts gegen einen Losentscheid und wären deshalb mit einem Unentschieden zufrieden.«

Wenn die Ägypter Trauer tragen – für sie war mit der Niederlage die WM zu Ende. Sie verabschiedeten sich unter Tränen. Abdel Ghani (rechts) konnte kurz vor der Halbzeit mit seinem 18-Meter-Schuß Englands Rekord-Shilton nicht überwinden.

ENGLAND - ÄGYPTEN

F

Der englische Stürmer Steve Bull schaute in der 33. Minute erwartungsvoll seinem Bombenschuß aufs Ägypten-Tor nach. Verteidiger Hany Ramzy erwischte ihn Elfmeterverdächtig mit der Hand, der Schiedsrichter blieb uninformiert. Kein Tor, kein Strafstoß. Abdou (im Bild links) und I. Hassan (rechts im Bild) scheinen das geahnt zu haben. Links: Englands Rekord-Internationaler Peter Shilton, 40 Jahre alt, 121 Länderspiele.

IRLAND - HOLLAND

Eine Begegnung mit Tempo und Dramatik. Rechts Van Basten (Lufthopser) und McGrath. Oben: Hollands Trainer Beenhakker, Van Loen und Gullit. Rechte Seite: Kopfduell McGrath und Moran (vorn) contra Rijkaard.

1 : 1

21. Juni 1990 in Palermo (0:1)
Irland: Bonner, Morris, Staunton, McCarthy, Moran, McGrath, Houghton, Townsend, Aldridge (62. Cascarino), Sheedy (62. Whelan), Quinn.
Holland: Van Breukelen, Van Aerle, R. Koeman, Van Tiggelen, Rijkaard, Wouters, Gullit, Witschge (58. Fraeser), Van Basten, Kieft (78. Van Loen), Gillhaus.
Schiedsr: Vautrot (Frankreich).
Tore: 11. Gullit, 71. Quinn.
Zuschauer: 33 288.

Temperamentvolle Versöhnung mit den Fans

Schon nach elf Minuten setzte Hollands Superstar Ruud Gullit ein deutliches Zeichen. Mit seinem ersten Tor dieser WM verbannte er frühzeitig die Gefahr der Passivität aus diesem Spiel. Schließlich war vorab befürchtet worden, Holland und Irland könnten sich angesichts ihrer ausgeglichenen Bilanzen mit einem Unentschieden zufrieden geben. Berechtigte Befürchtungen. Das bewies die letzte Viertelstunde: Nach dem Ausgleich durch Quinn waren beide Teams nur noch ängstlich bemüht, Fehler zu vermeiden.
Vorausgegangen aber waren 70 temperamentvolle Minuten, in denen die Spieler ihre zuvor so bitter enttäuschten Anhänger versöhnten. Allen voran Ruud Gullit. Zum erstenmal nach seiner monatelangen Verletzung knüpfte er an jene Form an, in der er Holland zwei Jahre zuvor zum Europameistertitel geführt hatte. Seine Spielfreude steckte die Mitspieler an, und auch die Abwehr um Ronald Koeman beteiligte sich immer wieder an den schnellen und variationsreichen Angriffen.
Überraschend auch das durchdachte Kombinationsspiel der Iren, die sich früher stets auf ihre eher zufälligen kick-and-rush-Angriffe verlassen hatten. Selten zuvor hatten sie sich so planvoll dem gegnerischen Tor genähert wie in diesem Spiel. Zum Sieg reichte es zwar noch nicht, zum Einzug ins Achtelfinale aber allemal.

Achtelfinale

Nach dem Achtelfinale

Das, was mit dem Achtelfinale beginnt, ist ein völlig neues Spiel: Keine taktischen Manipulationen mehr, bei denen ein Unentschieden oft schon erstrebenswertes Ziel ist – kein kräftesparendes Ballhalten mehr, und es zieht auch niemand mehr das Bein zurück, wenn es wehtun könnte. Es gibt kein Verstecken mehr – nur noch Sieger und Verlierer. Und es gibt auch Spielpaarungen, die sich aus irgendwelchen Zufällen ergeben und Mannschaften zusammenführen, die es wert wären, das Endspiel zu bestreiten. Wie zum Beispiel Argentinien und Brasilien, die in der Vergangenheit zusammen fünf Weltmeisterschaften gewannen. Große Namen bedingen noch keine großen Spiele. In diesem Falle war es so, daß Maradona, der vier Jahre zuvor den Titel für Argentinien gewann, einen Paß schlug, der die brasilianische Abwehr spaltete – der schnelle Caniggia konnte gar nicht anders, als diesen Ball ins Netz zu bugsieren.

Oder wie zum Beispiel auch die Deutschen und die Holländer, die mindestens seit dem Finale 1974 in München eine innige Rivalität verbindet. Es hatte sich immer wieder ergeben, daß sie aufeinandertrafen – zuletzt gar bei den Qualifikationsspielen zu dieser Weltmeisterschaft, in denen man zweimal ohne Sieger blieb. Es gab gar doppelte Rivalitäten: Drei der Deutschen spielen für Inter Mailand – drei der Niederländer für AC Mailand. Da ergeben sich Emotionen, die sich in den Tagen vorher steigern – und auch Nerven, die bloßzuliegen scheinen. Aus dem Abstand der Tage betrachtet erscheint es müßig, darüber zu diskutieren, ob es richtig war, daß der argentinische Schiedsrichter Rudi Völler und Frank Rijkaard vom Platz stellte. Millionen Menschen an den Fernsehschirmen sahen die Einzelheiten in hundert Wiederholungen viel besser als der Unparteiische – und sie kamen trotzdem zu völlig

Das Duell der Kapitäne – Lothar Matthäus, bayerischer Kopf der deutschen Mannschaft; Ruud Gullit, Rasta-Kopf der holländischen Mannschaft. Unerwartet glanz- und saftlos war Europameister Holland ins WM-Achtelfinale gestolpert und – nicht ganz so unerwartet – an Matthäus und Co. gescheitert.

Achtelfinale			
23.06.90	Neapel	Kamerun – Kolumbien nach Verlängerung	2:1 (0:0) (0:0; 0:0)
23.06.90	Bari	CSFR – Costa Rica	4:1 (1:0)
24.06.90	Turin	Brasilien – Argentinien	0:1 (0:0)
24.06.90	Mailand	BR Deutschland – Holland	2:1 (0:0)
25.06.90	Genua	Irland – Rumänien nach Elfmeterschießen	5:4 (0:0) (0:0; 0:0, 0:0)
25.06.90	Rom	Italien – Uruguay	2:0 (0:0)
26.06.90	Verona	Spanien – Jugoslawien nach Verlängerung	1:2 (0:0) (1:1; 1:2)
26.06.90	Bologna	England – Belgien nach Verlängerung	1:0 (0:0) (0:0; 0:0)

Er war im Achtelfinalspiel gegen Uruguay nicht so gut drauf, der teure Mensch vom AC Florenz namens Roberto Baggio (oben, Nr. 15). Aber immerhin ist er sich mit Giannini (13) über die Generalrichtung einig, in der das Uru-Tor liegen muß.

Er spielte die erste Geige und brachte Jugoslawien vom Achtel- ins Viertelfinale, der Ball-Künstler Dragan Stojkovic (rechts, Nr. 10) aus Belgrad. Hier verläßt er mit einem Mannschaftskameraden den heißen Hexenkessel des Bentegodi-Stadions in Verona.

verschiedenen Meinungen. Es wäre schön, wenn das andere Bild stärker in der Erinnerung bliebe: Als Jürgen Klinsmann und Ruud Gullitt sich nachher in den Armen lagen, weil sie wußten, zu einem Spiel beigetragen zu haben, von dem man länger reden wird, als von vielen Finals. Es war nämlich länger als eine Stunde nicht nur ein erstklassiges, sondern ein erinnerungswürdiges Spiel – und es ist seltsam, daß es auf beiden Seiten Erinnerungen an verlorene Spiele weckte: Bei den Deutschen an das Endspiel 1966 im Londoner Wembleystadion gegen die Engländer und das Semifinale 1970 in Mexiko gegen die Italiener – bei den Niederlanden an die Finals von 1974 in München und 1978 in Buenos Aires, jeweils gegen die Gastgeber. Als es dieses Mal Brehme war, der das sicherlich verrückteste Tor seiner Laufbahn erzielte, als der Ball praktisch um den holländischen Torwart herum ins Netz flog, hüpfte sogar der bis dahin so kühle Franz Beckenbauer umher wie ein Junge. Freude und Trauer liegen so dicht beieinander.
Aber das traf ja auch für andere zu. Wer hätte denn vorher ernsthaft zu prophezeihen gewagt, daß die aus Kamerun gegen jene Kolumbianer gewinnen, die vorher im Gruppenspiel die Deutschen am Rande einer Niederlage hatten? Wobei es ausgerechnet dem 38jährigen Milla vorbehalten war, dem struwwelpetrigen Torwart Hi-

Überglücklich: Jürgen Klinsmann (als Holländer verkleidet) und Guido Buchwald nach dem Einzug ins Viertelfinale (links). Und unten findet Belgiens Trainer Guy Thys tröstende Worte nach dem Auszug aus dem Achtelfinale.

guita weit außerhalb des Strafraums den Ball abzunehmen und ins leere Tor zu schieben. Wer mochte nicht mit den Iren jubeln, die das Elfmeterschießen gegen die Rumänen für sich entschieden? Sie haben so wunderschöne Lieder in Irland und mit Sicherheit wird es neue Strophen geben, in denen ihr Torwart Pat Bonner vorkommt. Wer hätte denn geglaubt, daß die Jugoslawen, die in ihrem allerersten Gruppenspiel von den Deutschen so glatt geschlagen wurden, schließlich in der Verlängerung gegen Spanien siegen und sich auf einmal im Viertelfinale wiederfinden? Und wie kamen hier auf einmal die vorher so enttäuschenden Engländer hin, die in der Schlußminute der Verlängerung ein Tor erzielten, als sich alle Welt bereits auf das Elfmeterschießen vorbereitete? Und um das Feld zu komplettieren: Die so unauffälligen Tschechoslowaken, die den kleinen Höhenflug der braven Leute aus Costa Rica beendeten – und schließlich die italienischen Gastgeber, die nach dem Erfolg über Uruguay schon vier Spiele ohne Gegentor überstanden hatten.

Dieses italienische WM-Turnier, das sich zunächst so schwerfällig in Bewegung gesetzt hatte, besaß auf einmal jenes Flair, das solche Championate immer in diesem Stadium erhalten. Wie gesagt: Es war ein anderes Spiel geworden.

Dieter Kürten

Über Schiedsrichter

Es ist niemals einfach, für die Schiedsrichter eine Lanze zu brechen. Sie können ein Spiel zerstören – dann fällt alle Welt über sie her. Sie können ein Spiel auch glänzend leiten – dann redet kein Mensch von ihnen. Es kann passieren, daß einer als Freund der Deutschen gilt, weil er zufällig eine deutsche Automarke bevorzugt – er kann genauso gut als Gegner gelten, weil ihm vielleicht einmal eine deutsche Freundin durchbrannte. Der Idealfall: Ein Mann, der in einem grönländischen Iglu aufwuchs, erzogen wurde und in den Regeln unterrichtet, ohne auch nur in die Nähe eines Fußballspiels zu geraten – ein Mann, der dann in einem fremden Stadion eine schwarze Kluft erhält, hereingeführt wird und nicht nach Nationen sondern nur unterscheidet zwischen weißen und orangefarbenen Hemden. Doch die verlangte Objektivität ist eine Utopie, weil es unter Menschen Objektivität nicht gibt und jeder das Geschehen anders sieht. Was da schließlich bleibt, ist nie das Ideal, sondern immer nur eine größtmögliche Annäherung. Es ist denn auch eine müßige Frage, ob es richtig ist, wenn der Weltverband bei diesen Gelegenheiten die Unparteiischen ermahnt, besonders streng zu sein. Es gibt kein strenges Gesetz und auch kein mildes Gesetz, sondern nur ein Gesetz. Und das muß reichen!

Ulrich Kaiser

Stand-Jubel von Englands Waddle und Butcher (rechts); Jubel-Knäuel aus Kamerun (ganz rechts); italienische Jubeldarstellung im Liegen (unten).

Maradona dankt jubelnd höheren Mächten für gefühlvolle Hände und Füße (oben links); Jugoslawiens Stojkovic jubelt in stiller Bescheidenheit (oben); argentinische Jubel-Traube um Caniggia (unter den vielen Händen, Nr. 8).

Ganz links: Jubel-Urschrei von Italiens Salvatore Schillaci; Jubel-Ritt von Jürgen Kohler auf Bodo Ilgner (links); Kniefall-Jubel mit Tomas Skuhravy, CSFR (10, unten links); Gehaltener-Elfmeter-Jubel von Irlands Tormann Pat Bonner (unten).

Links: Huckepack-Jubel mit Guido Buchwald und Jürgen Klinsmann (im Oranje-Dress). Und Ivkovic-Jubel des jugoslawischen Torhüters nach dem Sieg über Spanien.

2:1

23. Juni 1990 in Neapel
nach Verlängerung (0:0, 0:0; 0:0)
Kamerun: N'Kono, Onana, Ebwelle, Tataw, N'Dip, Kana-Biyik, M'Bouh, M'Fede (54. Milla), Makanaky (69. Djonkep), Omam-Biyik, Maboang Kessack.
Kolumbien: Higuita, Escobar, G. Gomez, Herrera, Perea, G.J. Gomez (79. Redin), Valderrama, Alvarez, Rincon, Fajardo (63. Iguaran), Estrada.
Schiedsrichter: Lanese (Italien).
Tore: 106. und 108. Milla, 115. Redin.
Zuschauer: 50 026.

Kamerun: Als erste Mannschaft Afrikas im Viertelfinale

Fast eine Stunde lang hatte Albert-Roger Milla das harmlose Spielchen zwischen Kolumbien und Kamerun von der Ersatzbank aus verfolgt. Es war das erste Spiel des Achtelfinales – nur Siege zählten noch. Doch es schien, als habe das noch keine der Mannschaften begriffen. Die Kolumbianer dominierten zwar in der ersten Halbzeit, doch Kamerun ließ sich nicht aus der Ruhe bringen. Geduldig warteten die Afrikaner auf ihre Chance.

Und die hieß Albert-Roger Milla. Der 38jährige Fußball-Pensionär kam nach 53 Minuten ins Spiel. Schon mit seinen beiden Toren gegen Rumänien hatte er dafür gesorgt, daß seine Story um die Welt ging. Mit zwei weiteren Toren gegen Kolumbien bereicherte er die Geschichte der Weltmeisterschaft um ein neues Kapitel: Zum erstenmal gelang einer afrikanischen Mannschaft der Einzug in ein WM-Viertelfinale. Dank der kaltschnäuzigen Routine des Albert-Roger Milla, der selbst in der zweiten Halbzeit der Verlängerung noch kühlen Kopf bewahrte. Beim ersten Tor hatte er die ungestüm angreifenden Verteidiger und den zu früh fallenden Torwart Rene Higuita ausgeguckt. Beim zweiten Tor bestrafte er einen jener provozierenden Ausflüge des Rene Higuita, an denen sich die Diskussionen der Experten schon lange erhitzt hatten.

KAMERUN - KOLUMBIEN

Die Reihenfolge ist genau festgelegt: zuerst ein Tor (links das 1:0), dann ein eindrucksvoller Kurz-Lambada mit der Eckfahne (linke Seite). Der tanzende Torschütze und afrikanische Kontinentalheld Albert-Roger Milla läßt die über 30jährigen wieder hoffen. Unten: Vermummter Kamerun-Fan.

Das war es, worauf die ganze Fußball-Welt (außer Kolumbien und einigen von seiner neuen Spieltechnik faszinierten Experten) gelauert hatte: Eine Higuita-Feldexpedition endete mit einem Fiasko. Milla nahm ihm schlicht den Ball ab (oben) und schoß Kolumbien aus dem WM-Rennen. Links: Bernardo Redin. Sein Anschlußtreffer kam zu spät.

Drei Kopfball-Tore von Skuhravy: Ciao, Costa Rica

Als Ronald Gonzales in der 55. Minute den Ausgleich erzielte, schien es noch so, als würde die Serie der Überraschungen fortgesetzt. Zwar hatte die CSFR in der ersten Halbzeit eindeutig dominiert, dabei aber nur ein Tor durch Tomas Skuhravy erzielt. Das war schon in der 11. Minute. Und weil Ersatztorwart Hermidio Barrantes bei Skuhravys Kopfball keine Reaktion zeigte, drängte sich der Eindruck auf, das Fehlen des verletzten Weltklasse-Torwarts Luis Conejo könne für Costa Rica in einem Debakel enden. Unmittelbar nach der Pause aber übernahmen die Mittelamerikaner die Initiative. Eine Viertelstunde lang erinnerte ihr Sturmlauf an das Spiel gegen Schweden: Da war es Costa Rica gelungen, trotz zunächst großer Überlegenheit der Schweden einen Rückstand in einen Sieg zu verwandeln. Der Ausgleich von Gonzales, dem mit 19 Jahren jüngsten aller WM-Teilnehmer, nährte die Hoffnung auf eine Wiederholung dieses Meisterstücks. Doch mitten in Costa Ricas Drangperiode schlug Skuhravy erneut zu. Er nutzte eine Verspieltheit der Verteidigung für sein zweites

Da hatte Costa Ricas Mittelfeldmann German Chavarria (8) keine Chance. Wenn das 192 Zentimeter lange Kraftpaket Tomas Skuhravy nach hohen Bällen sprang, flog alles um ihn herum zur Seite und der Ball ins Netz, wie hier beim 1:0.

4:1

23. Juni 1990 in Bari (1:0)
CSFR: Stejskal, Kadlec, Kocian, Straka, Hasek, Bilek, Chovanec, Kubik, Moravcik, Skuhravy, Knoflicek.
Costa Rica: Barrantes, Flores, Gonzales, Obando (46. Medford), Montero, Chavez, Chavarria (65. Guimaraes), Ramirez, Cayasso, Marchena, Jara.
Schiedsrichter: Kirschen (DDR).
Tore: 11. Skuhravy, 55. Gonzales, 62. Skuhravy, 76. Kubik, 81. Skuhravy.
Zuschauer: 47 673.

Kopfball-Tor, dem er später noch ein drittes folgen ließ. Da war Costa Ricas Widerstand längst erlahmt, das WM-Debüt mit viel Anerkennung beendet. Der kopfballstarke Skuhravy aber hatte mit insgesamt fünf Treffern nicht nur die Spitze der Torschützenliste erklommen – er stand auch auf den Einkaufslisten vor allem englischer Klubs ganz oben.

Costa Ricas Ersatztorwart Hermidio Barrantes mußte vor dem Kopfball-Feuerwerk Skuhravys und der Freistoß-Bombe Kubiks kapitulieren (oben). Rechts: So wird ein Einzug ins Viertelfinale bejubelt; Skuhravy hat Straka auf den Arm genommen.

0 : 1

24. Juni 1990 in Turin (0:0)
Brasilien: Taffarel, Jorginho, Ricardo Gomez, Branco, Rocha, Galvao (84. Silas), Dunga, Alemao (84. Renato), Valdo, Careca, Muller.
Argentinien: Goycochea, Monzon, Ruggeri, Simon, Basualdo, Burruchaga, Maradona, Giusti, Olarticoechea, Troglio (61. Calderon), Caniggia.
Schiedsrichter: Quiniou (Frankreich).
Tor: 81. Caniggia.
Platzverweis: 83. Ricardo Gomez.
Zuschauer: 61 381.

Brasilien: Von den eigenen Stürmern und Maradona besiegt

BRASILIEN - ARGENTINIEN

Als ersten Topfavoriten erwischte es Brasilien: Die Samba-Trommeln verhallten, die gelb-grün-blauen Fahnen verschwanden aus Italien. Weinend verließen die fassungslosen Fans das Turiner Stadion delle Alpi. Brasiliens Fußballspieler hatten neunzig Minuten lang brillanten Sport gezeigt und waren doch gescheitert.
Dabei hatten sie den noch amtierenden Weltmeister Argentinien von der ersten Minute an sicher beherrscht. Gleich zu Anfang ein Solo des torgefährlichen Careca, Kombinationen wie aus dem Bilderbuch. Brasilien bestach mit schnellem Direktpaßspiel. Keine ballverliebten Spielereien wie in früheren Jahren, statt dessen geradlinige Angriffe, effektive Pässe. Dunga an den Innenpfosten, Careca an die Latte, Alemao ans Lattenkreuz. Trainer Lazaroni faßte es so zusammen: »Das war das beste Spiel Brasiliens in meiner Amtszeit. Das einzige, was uns fehlte, war die Ruhe vor dem gegnerischen Tor.«
Die enttäuschenden Argentinier dagegen konnten sich wieder einmal auf ihren einzigen wirklichen Weltmeister verlassen: Diego Maradona. Die Brasilianer wußten, daß man ihn keine Sekunde aus den Augen lassen darf. So stürzten sie sich gleich zu dritt auf ihn, als er nach achtzig Minuten am Strafraum auftauchte. Sie konzentrierten sich auf Maradona, der aber sah Claudio Caniggia. Der richtige Paß im richtigen Moment, Caniggia umspielte den herbeieilenden Taffarel – ein unverdienter Sieg im richtigen Spiel.

Das südamerikanische Prestige-Duell ging zu Ungunsten der brasilianischen Samba aus. Oben: Ricardo Rocha (19) bedrängt Argentiniens Tormann Goycochea. Neben ihm Simon (20). Linke Seite: Torschütze Caniggia (Hände hoch). Nr. 6 ist Calderon.

BR DEUTSCHLAND - HOLLAND

2:1

24. Juni 1990 in Mailand (0:0)
BR Deutschland: Illgner, Reuter, Brehme, Kohler, Augenthaler, Buchwald, Berthold, Littbarski, Matthäus, Völler, Klinsmann (77. Riedle).
Holland: Van Breukelen, Van Aerle (66. Kieft), R. Koeman, Van Tiggelen, Rijkaard, Wouters, Gullit, Witschge (78. Gillhaus), Winter, Van Basten, Van't Schip.
Schiedsr: Loustau (Argentinien).
Tore: 49. Klinsmann, 84. Brehme, 88. R. Koeman.
Platzverweise: 22. Rijkaard, 22. Völler.
Zuschauer: 74 559.

Zwei Platzverweise leiteten die Wende ein

Es ging Schlag auf Schlag. Nachmittags der dreimalige Weltmeister Brasilien, abends Europameister Holland. Am zweiten Spieltag des Achtelfinales mußten zwangsläufig die ersten Favoriten auf der Strecke bleiben. Die Paarungen boten keine andere Möglichkeit.
Es hätte auch die deutsche Mannschaft treffen können. Zwanzig Minuten lang fand sie sich überhaupt nicht zurecht. Holland hatte durch den erstmals aufgebotenen Aron Winter die beiden ersten großen Möglichkeiten. Zu ungewohnt und eng war das defensive Korsett, in das Teamchef Franz Beckenbauer seine Mannschaft gesteckt hatte.
Uwe Bein, der Mann mit dem Blick für den öffnenden Paß, saß nicht einmal auf der Bank. Dafür sollten sich gleich sechs Abwehrspezialisten den Holländern in den Weg stellen: Klaus Augenthaler, Thomas Berthold, Guido Buchwald, Andreas Brehme, Jürgen Kohler und Stefan Reuter.
Doch der Auftakt war keineswegs verheißungsvoll: Die Holländer begannen im Angriff sehr variabel und schwungvoll – trotz des Formtiefs von Marco van Basten, ihrer nominell einzigen echten Sturmspitze. Seine wenigen Ballkontakte bewiesen, was schon die Vorrunde offenbart hatte: Hol-

Die 2. Szene des WM-Einakters »Ein Schiedsrichter sieht rot«: Rijkaard und Torwart Van Breukelen sagen dem verdutzten Rudi Völler schlimme Worte.

Die 3. Szene des WM-Einakters: Schiri Loustau gibt dem Stück den Titel, zeigt den Spielern Rote Karten und der Fußballwelt, was straffe Führung heißt. Rijkaard, Klinsmann, Völler, Van Breukelen sind milde erstaunt.

Schlußszene des WM-Einakters: Rijkaard und Völler gehen funkensprühend vom Platz. Linke Seite: Als Rijkaard noch nicht gespuckt und Klinsmann noch Völler hatte.

BR DEUTSCHLAND - HOLLAND

Expertenmeinungen: Andreas Brehme ließ das Spiel sehr zurückhaltend angehen – auf der linken Seite; und Hollands Johnny van't Schip sei gut gewesen – unerwartet gut (links). Unten links: Wouters prüfte Illgner mit einem Fehlschuß.

lands Superstürmer war weiter davon entfernt, ein Tor zu erzielen, als jeder andere seiner Mitspieler. Gullit, Witschge, Winter und Van't Schip versuchten mit wechselnden Vorstößen, Van Bastens Formschwäche zu kompensieren.

Zwanzig Minuten lang schien es, als könne dieses Konzept zum Erfolg führen. Dann der Wandel: Nach je einer Verwarnung schickte der überforderte argentinische Schiedsrichter Juan C. Loustau Frank Rijkaard und Rudi Völler vom Platz. Rijkaard hatte Völler ins Ohr gekniffen, am Haar gezogen und bespuckt. Aber Völler? Nicht einmal die Fernsehkameras konnten ihm irgendein Vergehen nachweisen.

Die Deutschen profitierten davon. Für die Holländer war der Verlust ihres zentralen defensiven Mittelmannes Rijkaard folgenschwerer als für die Deutschen der Ausfall von Rudi Völler. Jürgen Klinsmann hatte es nun nicht länger mit Rijkaard zu tun, Littbarski, Matthäus und Buchwald blieb entschieden mehr Raum für ihre raschen Vorstöße.

Hatten sie ihre Kraft anfangs oft genug in zermürbenden Zweikämpfen sinnlos vergeudet, so konzentrierten sie sich nun mehr auf den konstruktiven Aufbau eigener Angriffe, die von Minute zu Minute zwingender wurden. Nach knapp fünfzig Minuten war es schließlich soweit: Guido Buch-

Grund zum Jubel für Jürgen Klinsmann und Co. nach dem 1:0 (rechts). Weniger Glück hatte der völlerlose Einzelkämpfer später: er knallte den Ball vorbei an Van Tiggelen (unten) an Van Breukelens (Tor-)Pfosten.

Andreas Brehme gab kurz vor Schluß seine Zurückhaltung auf und brachte den Ball mit einem Kunstschuß in Hollands lange (Tor-)Ecke (oben).

Das 1:0. Buchwald hatte den Ball ins »Angriffszentrum« geflankt. Jürgen Klinsmann erreichte ihn vor Berry van Aerle (rechts) und schob ihn an Van Breukelen vorbei ins Netz.

BR DEUTSCHLAND - HOLLAND

wald, vom Manndecker ins Mittelfeld beordert, flankt, Klinsmann kommt kurz – und das war dann die längst verdiente deutsche Führung.
Danach gewann das Spiel an Rasanz. Die Holländer mußten zwangsläufig angreifen, sie steigerten sich zu ihrer besten WM-Leistung. Die besseren Chancen aber hatten die Deutschen. Angeführt von Lothar Matthäus fanden sie allmählich zu ihrer Vorrunden-Form zurück: Klinsmanns Direktschuß knallt an den Pfosten, Littbarski scheitert an Torwart Van Breukelen. Doch Brehme trifft. Herrlich angeschnitten der Ball, den er um Hollands Hans van Breukelen herum zum 2:0 ins lange Eck zirkelt.
Zwischenzeitlich hatte Bondscoach Leo Beenhakker mit Willem Kieft und Hans Gillhaus zwei weitere Angreifer aufs Feld gebracht, doch nur ein umstrittener Elfmeter ermöglichte Holland ein Tor. Zu wenig. Die deutsche Revanche für die Niederlage bei der EURO 88 war verdientermaßen gelungen.

Linke Seite: Zuerst sprangen sie in verschiedene Richtungen und anschließend prallten sie aufeinander: Van Breukelen und Völler. Unten links: Er lief zu spät zu guter Form auf: Ruud Gullit. Versöhnlicher Schluß mit Jürgen Kohler und Marco van Basten (unten).

5 : 4

25. Juni 1990 in Genua nach Elfmeterschießen (0:0, 0:0, 0:0, 0:0)
Irland: Bonner, Morris, Staunton (94. O'Leary), McCarthy, Moran, McGrath, Houghton, Townsend, Aldridge (22. Cascarino), Sheedy, Quinn.
Rumänien: Lung, Rednic, Klein, Andone, Popescu, Rotariu, Sabau (98. Timofte), Hagi, Lupescu, Raducioiu (74. Lupu), Balint.
Schiedsr: Ramiz Wright (Brasilien).
Elfmeter: Hagi, Sheedy, Lupu, Houghton, Rotariu, Townsend, Lupescu, Cascarino, Timofte (gehalten), O'Leary.
Zuschauer: 31 818.

Nach Elfmeterschießen: Iren fühlten sich wie Weltmeister

IRLAND - RUMÄNIEN

Daß die Iren feiern und jubeln können, ist bekannt (linke Seite): unter und über anderen Houghton (8), McGrath (7) und Pat Bonner (1), Star des Elfer-Krimis; Bonner flog im rechten Moment in die rechte Ecke (oben), wehrte den Timofte-Elfmeter ab und brachte seine grüne Elf eine Runde weiter. Ganz oben: McCarthy (grün, links) und McGrath (ebenfalls grün) haben Raducioiu (gelb) in die Mitte genommen.

Trotz der Siege: Rumänien hatte dieses Spiel eigentlich schon in der Vorrunde verloren. Die zwei Verwarnungen für Torjäger Marius Lacatus hatten im Achtelfinale fatale Folgen. Ohne den gesperrten Stürmer blieben Rumäniens Angriffe wirkungslos. Der junge Florin Raducioiu war gegen die konsequente irische Abwehr völlig überfordert, auch Gavrila Balint konnte sich nicht durchsetzen. So blieb Spielmacher Gheorghe Hagi Alleinunterhalter der Rumänen. Seine Dribblings und Fernschüsse waren sehenswert. Aber erfolglos.

Die noch unbesiegten Iren waren durch nichts zu überraschen. Stattdessen entwickelten sie ihrerseits erstaunlich offensive Aktivitäten. Begleitet von den Lobgesängen ihrer Fans attackierten sie das rumänische Tor mit weiträumigen Angriffen: Cascarino und Sheedy zwangen Torwart Silviu Lung zu reaktionsschnellen Paraden, der lange Niall Quinn schraubte sich immer wieder zu gefährlichen Kopfbällen in die Luft.

Es war ein flottes, aber kein hochklassiges Spiel. Und es war das erste, das durch Elfmeterschießen entschieden wurde. Je viermal waren die Schützen bereits erfolgreich, als der Rumäne Daniel Timofte antrat: Ein zaghafter Anlauf, ein nachlässiger Schuß. Torwart Pat Bonner lag in der richtigen Ecke und wurde gefeiert, als sei er soeben Weltmeister geworden. So ähnlich haben sich die Iren auch gefühlt, denn schon vor dem Spiel sagte Kapitän Mick McCarthy: »Das Achtelfinale ist für uns wie der WM-Titel«.

Er ist der Schnellste, Geschmeidigste, Explosivste, Kleinste und so weiter Spieler der Italiener, aber er ist Sizilianer. Salvatore Schillaci in Siegerpose über Roberto Baggio (rechts). Italo-Fans in Kriegsbemalung (unten).

Oben: Klein im Bild mit großer Wirkung. Sie sorgen dafür, daß die aufregendsten Szenen aller Schillacis (rechte Seite, mit Nelson Gutierrez) und Francescolis (rechts, in stiller Verzweiflung), aller Gewinner und Verlierer, um die Welt gehen.

2:0

25. Juni 1990 in Rom (0:0)
Italien: Zenga, Baresi, Bergomi, De Agostini, Ferri, Maldini, Berti (52. Serena), De Napoli, Giannini, Baggio (79. Vierchowod), Schillaci.
Uruguay: Alvez, Gutierrez, De Leon, Dominguez, Pintos, Perdomo, Ostolaza (79. Alzamendi), Francescoli, R. Pereira, Aguilera (55. Sosa), Fonseca.
Schiedsrichter: Courtney (England).
Tore: 65. Schillaci, 83. Serena.
Zuschauer: 73 303.

Nach Anfangsschwung mühevolle Kleinarbeit

Uruguays Trainer Oscar Washington Tabarez hatte sich selbst Mut gemacht: »Italien hat zur Zeit die beste Mannschaft der Welt. Aber keine Mannschaft der Welt ist unschlagbar.« Doch den Stars in seiner Mannschaft traute er nach der blamablen Vorstellung gegen Südkorea keine siegbringende Leistung mehr zu.
Den Italienern war es recht. Sie ergriffen sofort die Initiative. Das neue Traumpaar Schillaci/Baggio versetzte die Fans gleich nach dem Anpfiff in Verzückung. Der erste Angriff: Baggio auf Schillaci, Torwart Fernando Alvez im letzten Moment dazwischen. Zwei Minuten später der nächste Versuch: Wieder ein Paß von Baggio auf Schillaci, doch Alvez mit einer Reflexbewegung. Urplötzlich aber war der Anfangsschwung verflogen. Uruguay hatte seine einst gefürchtete Untugend wiederentdeckt: Foul reihte sich an Foul, das Spiel der Italiener wurde systematisch zerstört. Die Fehlpässe und Mißverständnisse häuften sich, Uruguay kam immer besser ins Spiel, die Zuschauer und Trainer Azeglio Vicini wurden allmählich nervös. Doch Salvatore Schillaci beruhigte sie alle. Mit einem gewaltigen 20-m-Schuß brachte er Italien in Führung, der für den enttäuschenden Baggio eingewechselte Aldo Serena beseitigte per Kopf auch die letzten Zweifel. Italiens Einzug ins Viertelfinale war ein Erfolg mühseliger Kleinarbeit.

1:2

26. Juni 1990 in Verona nach Verlängerung (0:0, 1:1; 1:2)
Spanien: Zubizarreta, Chendo, Andrinua (49. Jimenez), Sanchis, Gorriz, Martin Vazquez, Villaroya, Roberto , Michel, Butragueno (79. Rafa Paz), Salinas.
Jugoslawien: Ivkovic, Spasic, Hadzibegic, Jozic, Brnovic, Susic, Stojkovic, Katanec (79. Vulic), Sabanadzovic, Pancev (55. Savicevic), Vujovic.
Schiedsrichter: Schmidhuber (BR Deutschland).
Tore: 78. Stojkovic, 84. Salinas, 93. Stojkovic.
Zuschauer: 35 500.

Zwei Talentproben des Künstlers Stojkovic

Jugoslawiens Trainer Ivica Osim hatte ein Problem, um das ihn mancher Trainer beneidete: »Wir haben zuviele Künstler in der Mannschaft und zuwenige Handwerker«, klagte er oft. Da traf es sich gut, daß Jugoslawien sein Achtelfinalspiel ausgerechnet in Verona austragen mußte. Schließlich gilt Verona als die Stadt der Künste.
In brütender Hitze, bei 32° im Schatten, hatten beide Mannschaften ihre Kräfte ökonomisch eingeteilt. Kein kraftraubendes Pressing, keine überflüssigen Aktionen im Mittelfeld. Stattdessen: Turbulenzen in beiden Strafräumen. Vor allem der Spanier Martin Vazquez war ein Quell ständiger Unruhe. Mit aufsehenerregenden Dribblings und Fernschüssen, mit blitzschnellen Pässen und Vorlagen hätte er das Spiel frühzeitig entscheiden können.
Dann der Auftritt des Künstlers Stojkovic. Trotz engster Bewachung nimmt er eine Flanke von Vujovic butterweich aus der Luft, eine geschickte Körpertäuschung, ein gezielter Schuß ins lange Eck – der Spielverlauf war auf den Kopf gestellt. Spaniens umgehenden Ausgleich beantwortet Stojkovic zu Beginn der Verlängerung mit einem Freistoß: Ein Kunstschuß aus 20 Metern, gefühlvoll um die Mauer herumgedreht. Zwei Talentproben eines Künstlers bescheren Jugoslawien die erste Viertelfinal-Teilnahme seit 28 Jahren.

Die Fachleute waren sich einig: Spanien war in fast allen Belangen überlegen – doch das alles entscheidende Tor schoß Jugoslawiens Dragan Stojkovic (am Ball). Kein Glück mit seinen Abschlüssen und Abschüssen hatte der Real Madrilene Rafael Martin Vazquez (rechts im Bild).

SPANIEN - JUGOSLAWIEN

Der Geier ließ die Flügel hängen: Butragueno konnte die Chancen nicht nutzen, die der unsichere Jugos-Torhüter Ivcovic ihm schenkte. Hinter dem »Geier« Predag Spasic, rechts Julio Salinas (Bild oben). Links: Erfrischung für den jugoslawischen Kapitän Zlatko Vujovic.

1 : 0

26. Juni 1990 in Bologna nach Verlängerung (0:0, 0:0; 0:0)
England: Shilton, Pearce, Walker, Butcher, Parker, Wright, Waddle, McMahon (71. Platt), Gascoigne, Lineker, Barnes (74. Bull).
Belgien: Preud'Homme , Gerets, Clijsters, Demol, Grün, De Wolf, Versavel (107. Vervoort), Vanderelst, Scifo, Ceulemans, Degryse (64. Claesen).
Schiedsrichter: Mikkelsen (Dänemark)
Tor: 119. Platt.
Zuschauer: 34 520.

Claesen (14) wurde in der zweiten Halbzeit für Degryse auf die Wiese geschickt. Links startet er ein Laufduell mit Englands Walker.

Rechte Seite: David Platt erzielte kurz vor Ende der Verlängerung den alles entscheidenden Treffer, ein »wundervolles Tor«, so Trainer Robson, »in einem wundervollen Spiel«.

1. Fortsetzung des Laufduells Claesen-Walker: Der Engländer hat gewonnen, läuft aus dem Bild; Claesen startet einen akrobatischen Überschlag.

2. Fortsetzung des Laufduells Claesen-Walker: Überschlag beendet, Claesen reklamiert und fragt, warum das alles so kommen mußte.

ENGLAND - BELGIEN

Die englische Variante: Das entscheidende Tor

Zwei Stunden lang hatten die Belgier alle Varianten durchgespielt: Schnelle Angriffe, ruhige Angriffe, mal durch die Mitte, mal über die Flügel. Kurze Pässe, lange Pässe, Dribblings, Weitschüsse – das ganze Repertoire des modernen Fußball, gezielt variiert und wie gewohnt auf der Grundlage einer stabilen Abwehr vorgetragen.
Die entscheidende Variante aber demonstrierten die Engländer: Gefühlvoller Heber von Paul Gascoigne über die gesamte Abwehr hinweg, David Platt nimmt den Ball volley aus der Drehung, Torwart Preud'Homme kann nicht mehr reagieren. Ein wunderschönes, technisch blitzsauberes Tor – ungewöhnlich für englischen Fußball. Ein Tor, das ausschließlich der Kreativität der Angreifer entsprang, Belgiens Abwehr hatte nicht einmal einen Fehler gemacht. Doch weil David Platt den bestmöglichen Zeitpunkt gewählt hatte, nämlich die Schlußminute der Verlängerung, gab es für die Belgier keine Möglichkeit mehr, ihren verpaßten eigenen Chancen weiterhin nachzulaufen. Sie hatten schon in der regulären Spielzeit oft genug Gelegenheit gehabt, dieses Spiel zu ihren Gunsten zu entscheiden. Versavel und Ceulemans scheiterten aus kurzer Entfernung, Schüsse von Degryse und Scifo landeten am Pfosten. Es war nicht so, daß die Engländer unverdient gewonnen hätten. Sie hatten sich für ihre miserable Vorrunde vollauf rehabilitiert. Schade war nur, daß dieses Spiel überhaupt einen Verlierer haben mußte.

Viertelfinale

Wohin der Ball springt

Glück? Pech? Es wird viel von solch' unwägbaren Dingen geredet, wenn das Turnier in das entscheidende Stadium tritt. Und es ist immer so, daß des einen Glück des anderen Pech ist. Die vier Sieger des Viertelfinales dieser Weltmeisterschaft waren sicherlich keine Überraschung – aber bis sie dort waren, wo sie hinwollten, geschah einiges, was niemand vorausgesagt hätte. Wer hätte denn beispielsweise zu prophezeien gewagt, daß die so überragenden Italiener nur ein mageres 1:0 gegen Irland schaffen? Ein einziges Tor gegen das fröhliche Team von der grünen Insel, das einen Tag später von vielen tausend Menschen daheim empfangen wurde, als hätte es das ganze Championat gewonnen! Und dieses eine Tor auch noch aus einer Situation, bei der die fachkundigen Fans sehr erbost von einem ›Abstauber‹ reden.

Wer hätte denn allen Ernstes vorhergesagt, daß die Titelverteidiger aus Argentinien mit ihrem viel gepriesenen Star Maradona gegen zehn Jugoslawen nach der immer noch torlosen Verlängerung ins Elfmeterschießen müssen – gegen die gleichen Jugoslawen, die im allerersten Gruppenspiel von der deutschen Mannschaft geradezu überrannt wurden?

Dann dieses Elfmeterschießen selbst: Wie kann es geschehen, daß von zehn dieser Elfmeter gleich fünf nicht verwandelt werden – und das von den besten Spielern der Welt?! Und wo kamen auf einmal die Engländer her? Nach den ersten Vorstellungen, die sie in Italien gaben, hatten gar nicht so wenige Experten gemeint, sie hätten besser da-

Sie wurden in ihrer Heimat wie Helden gefeiert, die Ebenholz-Löwen aus Kamerun, und die ganze Welt drückte Pagal, Makanaky (linke Seite) und Milla (unten, mit Englands Butcher) die Daumen. Leider vergeblich.

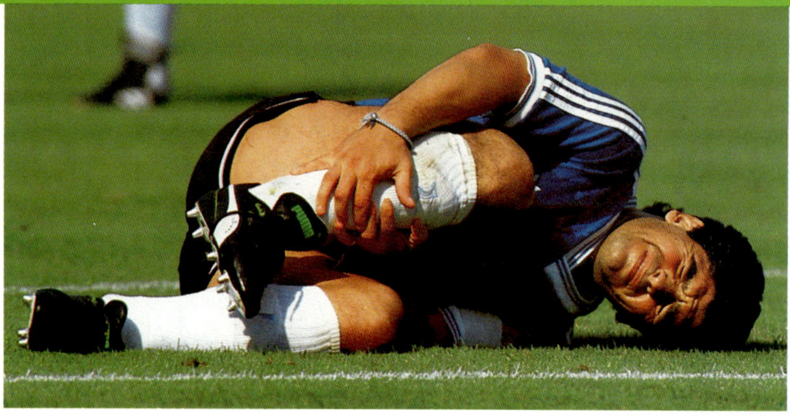

Diego Armando Maradona, leidend. Er war, bis nach dem Viertelfinale, der meistgefoulte und der meistgenannte Spieler der WM – vermutlich hing das eine mit dem anderen ursächlich zusammen.

heimbleiben sollen mit ihrem Gekicke – und um ein Haar wären sie an jenen unbekannten Ballkünstlern aus Kamerun gescheitert, deren achtunddreißigjähriger Star Milla oder Miller in diesen Tagen weltweiten Ruhm erreichte. Es ist noch nie eine Mannschaft aus der Namenlosigkeit so stark in den Mittelpunkt des Interesses gerückt wie die aus Afrika. Und England? Sie, die man lange Jahrzehnte als Lehrmeister ansah, erreichten überhaupt erst zum zweiten Male das Semifinale einer Weltmeisterschaft – damals, 1966, auf heimischem Boden hatten sie es auch geschafft.

Schließlich die Deutschen gegen die aus der Tschechoslowakei, für die sich zu Hause in den Monaten zuvor ein ganzes Weltbild veränderte: Es sollte so etwas wie ein Fußballfest werden – und so sah es auch lange Zeit aus. Der Strafstoß von Matthäus, zweimal schlugen Abwehrspieler der CSFR den Ball hinter ihrem Torhüter von der Linie – es schien nur eine Frage der Zeit. Dann schickte der Schiedsrichter einen der Tschechoslowaken vom Platz für ein Vergehen, über das man in Prag noch lange diskutieren wird. Und anschließend geschah das, was oft geschieht, wenn die eine Mannschaft in der Unterzahl ist (und was speziell während dieser WM in Italien sehr oft geschehen ist): Sie wurde stärker und stärker und als es endlich aus war, durften die Deutschen froh sein. Glück? Pech?

Wenn man es als Glück oder auch als Pech ansieht, daß der Ball auf eine kleine Unebenheit des Bodens springt und gerade deswegen von dem einen Spieler erreicht oder von einem anderen verpaßt wird, stimmt das sicherlich. Es könnte auch stimmen, wenn der eine oder andere Spieler seinen Stiefel nur einen Millimeter anders an den Ball bringt, der

Das war Röthlisbergers Geschoß: Der Schweizer Schiedsrichter zeigt der Welt und Jugoslawiens Sabanadzovic (16) die Rote Karte.

dann weit über das Tor fliegt, oder vielleicht gerade deswegen dorthin geht, wo er den größten Jubel, die größte Niedergeschlagenheit auslöst. Es heißt, daß es so etwas, wie eine ausgleichende Gerechtigkeit gibt – wer hier Glück hatte, wird dort eben Pech haben. Man kann seine Zweifel haben an einer solchen These – zumindest bei diesem seltsamen Spiel mit dem Lederball, in dem es möglich ist, sein Glück solange zu verteidigen, bis irgendein Schiedsrichter zum letzten Male pfeift. Später einmal, wenn irgend jemand solch' ein Buch zur Hand nimmt und darin blättert, spricht sowieso niemand mehr vom Glück oder Pech – dann stehen da Ergebnisse und die Geschichte, wie sie zustandekamen. Sonst nichts.

Dieter Kürten

Links ist CSFR-Spieler Miroslav Kadlec, in der Luft und in der Mitte Karlheinz Riedle und rechts der Ball. Aber das scheinen die beiden nicht zu wissen.

Abseits ist, wenn

Das Geheimnis des Erfolges dieses Spiels liegt in der Einfachheit seiner Regeln – ein Tor ist ein Tor ist ein Tor. Jeder weiß, was ein Elfmeter oder eine Ecke ist, jeder kennt die Bedeutung des Strafraums. Und dann kommt jemand von einem fernen Stern, wobei es sich auch um die Dame des Hauses handeln kann – dann kommt also jemand und fragt, wie das ist mit dem Abseits. Das Aufstöhnen unter jenen, die es natürlich wissen, ist fast sichtbar in solcher Situation. Der erste Experte sagt, Abseits ist, wenn keiner mehr da ist. Der zweite Experte sagt, es ist schon einer da, aber meistens nur der Torwart. Der dritte Experte sagt, es kann aber auch sein, daß es nicht der Torwart ist. Der vierte Experte sagt, es kommt darauf an, wann der Ball gespielt wird. Der fünfte Experte sagt, daß man das einfach weiß. Vielleicht fügt er auch noch hinzu, daß der Linienrichter dazu da ist, darauf aufzupassen. Was nun das abseits-unkundige Männlein vom fernen Stern oder die Hausdame angeht, die die Frage stellten, so ist es fraglich, ob ihnen diese Auskünfte ausreichten, um fortan auch zum Kreis der Experten zu gehören. Übrigens: Der Weltverband beschloß bei diesem Championat in Italien, daß gleiche Höhe fortan nicht mehr Abseits ist. Das macht die Erklärung für die Experten künftig allerdings nicht leichter.

Ulrich Kaiser

2:3

30. Juni 1990 in Florenz nach Elfmeterschießen (0:0, 0:0; 0:0, 0:0)
Jugoslawien: Ivkovic, Spasic, Vulic, Hadzibegic, Jozic, Brnovic, Susic (61. Savicevic), Stojkovic, Prosinecki, Sabanadzovic, Vujovic.
Argentinien: Goycochea, Serrizuela, Ruggeri, Simon, Basualdo, Burruchaga, Maradona, Giusti, Olarticoechea (51. Troglio), Calderon (87. Dezotti), Caniggia.
Schiedsr: Röthlisberger (Schweiz).
Elfmeter: Serrizuela, Stojkovic (Latte), Burruchaga, Prosinecki, Maradona (gehalten), Savicevic, Troglio (Pfosten), Brnovic (gehalten), Dezotti, Hadzibegic (gehalten).
Platzverweis: 31. Sabanadzovic.
Zuschauer: 38 971.

Jugoslawien: Kein Platz für moralische Sieger

Es paßte zu diesem Spiel, daß ausgerechnet die beiden besten Spieler im Elfmeterschießen versagten. Diego Armando Maradona und Dragan Stojkovic, die Spielmacher aus Argentinien und Jugoslawien, hatten fast alle Torchancen für ihre Mannschaften vorbereitet. Doch als sie selbst zum Torschuß antreten mußten, versagten sie. Goycochea parierte die beiden letzten Schüsse von Dragoljub Brnovic und Faruk Hadzibegic und machte Argentinien damit zum Sieger eines Spiels, in dem endgültig klar wurde, daß Argentinien die bis dahin glücklichste Mannschaft des Turniers war. In der Begegnung mit Jugoslawien schaffte es der noch amtierende Weltmeister schon zum zweiten Mal nicht, seine zahlenmäßige Überlegenheit auch spielerisch darzustellen. Nach dem heftig kritisierten Platzverweis von Refik Sabanadzovic mußten die Jugoslawen immerhin neunzig von 120 Minuten mit nur zehn Spielern bestreiten. Trotzdem hatten sie mehr und bessere Torchancen als die Argentinier, deren Spiel zusammenhanglos blieb. Jugoslawien war der moralische Sieger dieses Spiels, doch moralische Sieger werden in den Siegerlisten der FIFA nicht erwähnt.

JUGOSLAWIEN - ARGENTINIEN

Verdient hatte sich die argentinische Mannschaft den Einzug ins Halbfinale in keinem der fünf Spiele, die sie bis dahin hinter sich gebracht hatte. Beim Elfmeterschießen konnten beide Teams mit Versagern aufwarten. Stojkovic (links) scheiterte an der Latte, Maradona am hervorragenden Tomislav Ivkovic (oben), der schon während des Spiels bravourös gehalten hatte. Im Elfmeterschießen wurde er nur noch von Argentiniens Torwart Goycochea übertroffen. Linke Seite: Olarticoechea im Ball-Fight mit Prosinecki und Hadzibegic.

ITALIEN - IRLAND

Die Italiener hatten Probleme mit den Iren – wie auf dem Bild rechts, stellvertretend für alle, Azzurri Giannini mit McGrath. Italiens Elf, schrieb eine Zeitung, »schwamm, als habe der Tiber plötzlich Hochwasser«.

Oben: Der Sizilianer hat erneut zugeschlagen. Wieder einmal stand Schillaci genau richtig, Tor für Italien. Rechte Seite: Null-Treffer-Zenga, lässig, im Vertrauen auf die »beste Hintermannschaft der Welt«.

1:0

30. Juni 1990 in Rom (1:0)
Italien: Zenga, Baresi, Bergomi, De Agostini, Ferri, Maldini, De Napoli, Giannini (62. Ancelotti), Baggio (70. Serena), Donadoni, Schillaci.
Irland: Bonner, Morris, Staunton, McCarthy, Moran, McGrath, Houghton, Townsend, Aldridge (78. Sheridan), Sheedy, Quinn (53. Cascarino).
Schiedsrichter: Silva Valente (Portugal).
Tor: 37. Schillaci.
Zuschauer: 73 303.

Italiens Rückkehr zum Catenaccio

Die Regisseure der staatlichen italienischen Fernsehanstalt RAI konnten gar nicht genug bekommen: Von links und rechts, von vorne und hinten, in Großaufnahmen und in der Totalen – Tore der italienischen Mannschaft flimmerten so oft über die Bildschirme wie keine anderen Bilder dieser WM. Doch das konnte nicht darüber hinwegtäuschen, daß Italiens Trefferquote allenfalls minimalsten Anforderungen genügte.
Gegen Irland endete schon das dritte von fünf WM-Spielen mit 1:0, in den beiden anderen Spielen gelang gerade mal ein Tor mehr. Da war es dringend notwendig, daß die Abwehr in allen fünf Spielen ohne Gegentor blieb. Das war nicht unbedingt zu erwarten, nachdem die Italiener vom jahrzehntelang praktizierten Catenaccio, der konsequenten Defensiv-Taktik, Abstand genommen und ihr Offensivspiel entwikkelt hatten. Doch nur der kleine Sizilianer Salvatore Schillaci bescherte dem neuen Offensivgeist den gewünschten Erfolg. Seine Leistungen waren von einer Eigendynamik geprägt, die sich logischen Erklärungen entzog. Schillaci erzielte ein Tor nach dem anderen, seine Mitspieler aber wurden durch ihre mangelnde Torausbeute zunehmend irritiert. Von den unbekümmert angreifenden Iren ließen Sie sich so stark verunsichern, daß sie am Ende gar zum zerstörerischen Catenaccio zurückkehrten.

Deutsche Konfusion nach Moravciks Platzverweis

Er hatte es nicht ganz leicht bei seinem ersten WM-Einsatz, der Karlheinz Riedle von Werder Bremen, weder am Boden, wo sich ihm viele CSFR-Fußballerbeine in den Weg stellten (oben), noch bei seinem gerühmten Kopfballspiel.

Es war fast allen Teams im Verlauf der WM so ergangen: Wann immer ein Platzverweis ausgesprochen wurde, geriet die zahlenmäßig überlegene Mannschaft spielerisch in Schwierigkeiten.

Die Deutschen machten da keine Ausnahme. »Wir haben gegen zehn Tschechoslowaken schlechter gespielt als gegen elf«, stellte Teamchef Franz Beckenbauer höchst irritiert fest. Siebzig Minuten lang hatten die Deutschen dominiert. Schon zur Halbzeit hätten sie das Spiel klar entschieden haben können: Guido Buchwald mit links und per Kopf, Jürgen Klinsmann aus sieben Metern. Zweimal klärte der kleine Ivan Hasek auf der Linie, einmal Torwart Jan Stejskal. Nur der Elfmeter von Lothar Matthäus (nach Foul an Klinsmann) saß. Trotzdem: Das 2:0 schien nur eine Frage der Zeit zu sein. Bis zum Platzverweis von Lubomir Moravcik. Der platzte in eine Phase, in der die Tschechoslowaken ihre zunächst streng defensive Spielweise etwas gelokkert und die deutsche Abwehr schon einige Male verwirrt hatten. Nach dem Platzverweis nahm die deutsche Konfusion gar noch zu. Die spielerische Linie ging völlig verloren. Matthäus, Klinsmann, Littbarski – jeder versuchte es auf eigene Faust. Innerhalb von zwanzig Minuten wurde der zuvor überwiegend positive Eindruck zerstört. Eine Erklärung dafür fanden weder Spieler noch Teamchef. Am Ende stellten sie nur erleichtert fest, daß sie zum ersten Mal ohne Gegentor geblieben waren.

0 : 1

01. Juli 1990 in Mailand (0:1)
CSFR: Stejskal, Kadlec, Kocian, Straka, Hasek, Bilek (67. Nemecek), Chovanec, Kubik (79. Griga), Moravcik, Skuhravy, Knoflicek.
BR Deutschland: Illgner, Brehme, Kohler, Augenthaler, Buchwald, Berthold, Matthäus, Bein (82. Möller), Littbarski, Riedle, Klinsmann.
Schiedsrichter: Kohl (Österreich).
Tor: 24. Matthäus.
Platzverweis: 69. Moravcik.
Zuschauer: 73 347.

Das »Kaiserle« von Kaiser Beckenbauer hat ihn ein Nachrichtenmagazin genannt, den Lothar Matthäus, den besten, den es je gab. Hier legt er sich mit der Sorgfalt eines Golfers den Ball für den Elfmeter zurecht (links).

Der Elfmeter des deutschen Mannschaftskapitäns saß und blieb der einzige Treffer – vielleicht, weil Stejskals Tor ständig von CSFR-Spielern wie Ivan Hasek bevölkert war. Unten: Lothar Matthäus mit seiner typischen Schuß-und-Tor-Zeigefinger-Siegespose.

Es gab einige solche Zitterszenen vor dem deutschen Tor. Oben klärt Berthold vor Skuhravy; Jürgen Kohler (er verlor gegen den Stürmerriesen nur ein Kopfballduell) steht in Bereitschaft.

Bein hat's am Bein und der tschechoslowakische Torhüter Jan Stejskal bedauert diesen schmerzlichen Umstand. Der Frankfurter, so die Fachleute, ging die Zweikämpfe recht aggressiv an, und das konnte schon mal ans Bein gehen.

ENGLAND-KAMERUN

3:2

01. Juli 1990 in Neapel nach Verlängerung (1:0, 2:2)
England: Shilton, Pearce, Walker, Butcher (73. Steven), Parker, Wright, Waddle, Platt, Gascoigne, Lineker, Barnes (46. Beardsley).
Kamerun: N'Kono, Massing, Ebwelle, Kunde, Tataw, M'Fede (62. Ekeke), Pagal, Libiih, Makanaky, Omam-Biyik, Maboang Kessack (46. Milla).
Schiedsr: Codesal Mendez (Mexiko).
Tore: 25. Platt, 61. Kunde, 65. Ekeke, 83. und 105. Lineker.
Zuschauer: 55 205.

Kamerun: Ein großartiger Abschied

Bildfolge rechts: Chronik eines WM-Abschieds. Das 1:0. Nach einer Flanke von Pearce köpfte David Platt (jubelnd) in N'Konos Tor ein. Massing (4) und N'Kono (rechts im Bild) sprachlos.

Das 1:1. Gascoigne hatte Milla gefoult. Den fälligen Elfmeter verwandelte Emmanuel Kunde unhaltbar für Senior Shilton. Butcher (6) hilflos.

Das 2:1. Vier Minuten später verwandelt Ekeke (11) einen Traumpaß von Milla. Wright (14), Platt (17), Gascoigne (19) entsetzt.

Das 2:2. Kurz bevor England in die Knie ging, wurde Lineker von Massing gefoult, ergriff die Chance, seine müde Trefferquote zu erhöhen und schoß den Elfmeter selbst.

Das 2:3. Der zweite Elfmeter, wieder von Lineker verwandelt, warf die »unzähmbaren Löwen« aus dem WM-Rennen. Die Welt trauerte. Beardsley (9) erleichtert.

Selbst siegreiche Mannschaften hatten sich nicht so verabschiedet: Obwohl sie nach begeisterndem Spiel soeben ausgeschieden waren, drehten Kameruns Spieler im Stadion San Paolo in Neapel noch eine Ehrenrunde. Erhobenen Hauptes, fröhlich winkend, lächelnd. Leichtfüßig auch noch nach 120 anstrengenden Minuten. Ein großartiger Abgang.
Es war das würdige Ende eines temperamentvollen und abwechslungsreichen Spiels. England gegen Kamerun – das war das torreichste aller Viertelfinalspiele. Es gab drei Elfmeter. Alle waren berechtigt und alle wurden verwandelt. Zweimal ignorierte Englands WM-Torschützenkönig von 1986, Gary Lineker, dabei das ungeschriebene Gesetz, wonach der Gefoulte nie selbst den Strafstoß schießen soll. Er schoß, und er traf. Und stellte damit den Spielverlauf auf den Kopf. Denn die spielbestimmende Mannschaft war Kamerun. Mit flüssigen Kombinationen tauchte sie immer wieder gefährlich im englischen Strafraum auf. Aber erst nach der Einwechslung von Torjäger Albert-Roger Milla fielen die Tore. Trotz der noch folgenden Niederlage konnten die Spieler Kameruns Italien in der Gewißheit verlassen, den einst übermächtigen Europäern und Südamerikanern spielerisch ebenbürtig zu sein. Im Umgang mit der Niederlage waren sie ihnen schon voraus.

Linke Seite: David Platt (hell) und Thomas Libiih (dunkel). Platt hatte schon im Achtelfinale Belgiens »Rote Teufel« mit einem Treffer in vorletzter Minute nach Hause geschickt.

Halbfinale

High Noon im Fußball-Stadion

Jeder kennt den Film und auch die Szene: »High Noon« – wenn die beiden Helden sich gegenüberstehen und jeder weiß, es bleibt nur einer übrig. Der Vergleich wurde in diesen Wochen oft vorgebracht und natürlich hinkte er: Im Film gibt es ein Drehbuch und trotz aller Spannung weiß jeder, daß es der Böse sein wird, der verliert. Im Fußballspiel gibt es keine Drehbücher – wahrscheinlich darf man auch nicht unterscheiden zwischen Guten und Bösen. Aber ein bißchen erinnert dieses Elfmeterschießen trotzdem an »12 Uhr mittags«.

Es hat nie zuvor eine Weltmeisterschaft gegeben, in der so viele Spiele in der Verlängerung oder durch dieses »shoot out« entschieden wurden. Man kann daraus zumindest eines schließen: Wenn es eine Erkenntnis gibt, die auf die Taktik der Teams bei diesem Championat in Italien schließen läßt, dann ist es die, daß man mit Abwehrreihen spielte, die in der Regel stärker waren als der Angriff. Und weiter: Ins Elfmeterschießen oder wenigstens in die Verlängerung kommt man nur, wenn es nicht gelingt, zwei oder drei Tore zu erzielen – ein einziges Tor Vorsprung ist eine wackelige Angelegenheit, die in einer unachtsamen Sekunde schlimme Folgen haben kann. Die beiden Favoriten haben das im Halbfinale zu spüren bekommen. Die Italiener scheiterten daran, weil sie sich sicher fühlten – sie hatten vorher genügend Erfahrung darüber gesammelt, wie man einen 1:0-Vorsprung über die Zeit bringt – gegen die Titelverteidiger aus Argentinien klappte es nicht. Ausge-

Unten: Ohne Worte. Salvatore »Toto« Schillaci nach der Italo-Halbfinal-Katastrophe. Linke Seite: Kampfknäuel mit Maradona, Basualdo (vorn) und Italiens Giuseppe Bergomi.

Argentinien (Maradona) oben, Italien (De Agostini) unten, ein fast symbolisches Bild, noch bevor das Elfmeter-Drama über die italienische Elf hereinbrach. »Gestern war Italien noch voller Hoffnung«, so ein deutscher Fernsehjournalist gnadenlos, »heute liegt der italienische Stiefel da wie eine ausgelatschte Sandale«.

Klinsmann hält sich an seinem Chef fest, und der Chef strahlt dem Finale entgegen. Ganz rechts: Weniger Strahl-Grund hatten De Agostini und sein Chef Vicini.

Versöhnliche Geste. Maradona und Bergomi – bevor gehaltene Elfmeter das Klima abkühlten. Ganz rechts: Tröstender Zuspruch. Matthäus mit dem englischen Elfmeter-Pechvogel Waddle.

rechnet jene Argentinier, die das Turnier mit einer Niederlage eröffneten und die ganzen Wochen alles andere als überzeugend wirkten, die auch jene Portion Glück hatten, die man offensichtlich benötigt, wenn man Großes gewinnen will.

Der andere Favorit kam aus Deutschland und beging im Semifinale den gleichen Fehler wie die Italiener: Ein 1:0 »über die Zeit zu schaukeln«, glich gegen diese hoch motivierte englische Mannschaft einem Seiltanz. Wenn es ein Team gab, das zu Beginn des Turniers wegen seines altväterlichen Hauruck-Stils noch mehr geschmäht wurde als das der Argentinier, dann war es das aus England. Im nachhinein betrachtet war die Steigerung, die die Spieler von Bobby Robson zeigten,

Bild unten: Zwei, die zu dem Zeitpunkt noch nicht wußten, was das Schicksal für sie bereithielt. Links Olaf Thon. Er setzte seinen Elfmeter in Shiltons Tor, kühl bis ans Herz. Und Chris Waddle, der den ersten Elfer seiner Laufbahn verschoß.

ganz logisch – es ist dieses »jetzt-erst-recht«-Gefühl, das noch nie ein schlechter Ansporn war. Hatten die beiden Tore in der regulären Spielzeit mit Glück zu tun? Waren die beiden Pfostenschüsse in der Verlängerung Pech? Und dann das Elfmeterschießen: Es ist mit Sicherheit eine aufregende Angelegenheit für die Zuschauer, was man im professionellen Sport nicht unterschätzen darf – es ist allerdings für die Spieler auch eine deprimierende Möglichkeit zu verlieren, wenn man zwei Stunden geackert hat, gestoßen wurde, gerannt ist. Der unbestreitbare Vorteil: Die Ausgeschiedenen müssen sich nicht so hart als Verlierer fühlen – die Dringebliebenen sind nicht die übermütigen Sieger. Bevor dieses »shoot out« begann, standen Franz Beckenbauer und Bobby Robson nebeneinander auf dem Spielfeld; natürlich war auf die Entfernung nicht zu verstehen, was sie sagten, aber als sie sich die Hand gaben, war es so, als sei für sie die Auseinandersetzung vorüber – der Rest war Würfelspiel. Jeder weiß, wie es ausging – niemand weiß, was in Pearce vorging, als Illgner seinen Schuß hielt.

Man kann sich sicherlich darüber streiten, ob dieses Elfmeterschießen die richtigste, die fairste aller Möglichkeiten ist, wenn man unbedingt einen Gewinner braucht. Sollen sie einfach weiterspielen, bis irgendjemandem ein Tor gelingt? Stundenlang? Oder was sonst? Es wird viele Diskussionen geben nach dieser Weltmeisterschaft, und das ist nur eine davon.

Dieter Kürten

In Neapel spielen und vergessen

Man kann Diego Maradona mögen oder man kann ihn nicht mögen. Mögen, weil er mit dem Ball so wunderbare Sachen anstellen kann – nicht mögen, weil er einmal einen schlichten Betrug dem lieben Gott in die Schuhe schob. Man kann ihm sicherlich nicht die Schuld dafür geben, daß dieses Semifinalspiel gegen Italien ausgerechnet in Neapel stattfand. Der Argentinier Maradona, der in Neapel seinem Broterwerb nachgeht und hier seine Mannschaft zur Meisterschaft führte – der Neapolitaner Maradona, der nun dafür sorgen sollte, daß Argentiniens Team Italiens Träume zerstörte. Der kleine Mann, der bei einem Sprint immer so aussieht, als bewege er sich auf Rollen, befand sich in einer seltsamen – in einer schizophrenen Situation. Es war ein Spiel mit fast fünfzig Fouls, einem halben Dutzend gelber Karten und einem Platzverweis – und der Schiedsrichter, der kaum zum Frieden beitrug, schien manchmal vergessen zu haben, daß dieses Spiel nun einmal mit den Beinen gespielt wird, wobei es nicht ausbleibt, daß man dabei hinfällt. Wie man weiß, gab es das Elfmeterschießen, an dem Maradona seinen Anteil hatte – mehr nicht. Seine Fans in Neapel liebten ihn deswegen nicht weniger – sie hatten die Weltmeisterschaft beim nächsten Heimspiel des SSC Neapel längst vergessen.

Ulrich Kaiser

4 : 5

03. Juli 1990 in Neapel nach Elfmeterschießen (1:0, 1:1; 1:1, 1:1) Italien: Zenga, Baresi, Bergomi, De Agostini, Ferri, Maldini, De Napoli, Giannini (73. Baggio), Donadoni, Schillaci, Vialli (70. Serena). Argentinien: Goycochea, Serrizuela, Ruggeri, Simon, Basualdo (99. Batista), Burruchaga, Maradona, Giusti, Olarticoechea, Calderon (46. Troglio), Caniggia. Schiedsrichter: Vautrot (Frankreich). Tore: 17. Schillaci, 67. Caniggia. Elfmeter: Baresi, Serrizuela, Baggio, Burruchaga, De Agostini, Olarticoechea, Donadoni (gehalten), Maradona, Serena (gehalten). Platzverweis: 105. Giusti. Zuschauer: 59 978.

Der wertlose Rekord des Walter Zenga: Gescheitert an nur einem Gegentor

ITALIEN - ARGENTINIEN

Gegen 22.30 Uhr breitete sich im Stadion San Paolo in Neapel lähmendes Entsetzen aus. Nach fünf siegreichen WM-Spielen hatte Italien auch das sechste Spiel inklusive der Verlängerung unbesiegt überstanden. Und doch war der Kampf um die Weltmeisterschaft verloren. Italien war gescheitert an der Unbarmherzigkeit des Elfmeterschießens, an jenem Modus, der kein Zögern und keine Nachlässigkeit erlaubt, weil jeder Schütze nur eine einzige Chance, aber keine Gelegenheit hat, mögliche Fehler noch wettzumachen. Beim Elfmeterschießen können nur Torwarte zu heldenähnlichen Siegern werden. So wie der Argentinier Sergio Goycochea, der seiner Mannschaft schon im Viertelfinale das Elfmeterschießen gewonnen hatte. Ursprünglich nur als Ersatz-Torwart vorgesehen, mußte Goycochea schon im zweiten WM-Spiel für den verletzten Nery Pumpido (Unterschenkelbruch) einspringen. Ein riskanter Torwartwechsel, denn Goycochea war seit mehr als acht Monaten ohne Spielpraxis. Als Torwart beim kolumbianischen Klub Millionarios Bogota beschäftigt, konnte Goycochea seit Oktober 1989 keine Spiele mehr bestreiten, weil die kolumbianische Meisterschaft nach der Ermordung eines Schiedsrichters abgebrochen worden war.

Im Halbfinale gegen Italien stahl er mit zwei abgewehrten Elfmetern dann ausgerechnet einem Mann den Triumph, der soeben den WM-Rekord verbessert hatte. In fünf Spielen war der Ita-

C.P. Blondhaar Caniggia hat Zenga soeben den Ausgleichstreffer (1:1) beschert; Jubel bei Argentinien, Ratlosigkeit bei Italien, Stille auf den Rängen, milde Neugier bei den Fotografen. Linke Seite: Oscar Alfredo Ruggeri und Aldo Serena.

ITALIEN - ARGENTINIEN

Ohne Vorderleute, beim Elfmeterschießen, ging es in Walter Zengas Tor recht lebhaft zu. Er konnte keinen einzigen Elfmeter halten. Ganz unten: Nach seinen miserablen Erfahrungen gegen Jugoslawien ging Maradona diesmal auf (Schuß-) Nummer sicher.

Zengas Widersacher, Goycochea, zeigte bessere Reaktionen. Unten hält er den Elfer-Schuß von Roberto Donadoni, der ganz unten in stiller Verzweiflung das tragische Geschick des armen Roberto, seiner Elf und der ganzen italienischen Nation betrauert.

Italienischer Trauermarsch mit Ferrara, Ferri, Baggio und Vierchowod. »Ende des Traums«, schrieb anderntags eine italienische Sportzeitung, »Maradona ist der Teufel«. Das Stadion weinte, Italien war wie gelähmt und vermutlich trugen Venedigs Gondeln Trauer.

liener Walter Zenga ohne Gegentor geblieben – erst im sechsten, nach genau 518 WM-Minuten, wurde er erstmals bezwungen. Eine ganz persönliche Tragik. Denn den Treffer zum 1:1-Ausgleich, einen Kopfball von Claudio Caniggia, hätte Zenga mit entschlossenerem Handeln verhindern können. Seine Unentschlossenheit machte die Verlängerung und das unbarmherzige Elfmeterschießen erst notwendig – die Ursache für Italiens Ausscheiden aber war es nicht.

Zu wenig hatte die Mannschaft im Verlauf der 120 Minuten geboten. Im Mittelfeld agierten Roberto Donadoni und Fernando de Napoli zu langsam und vorsichtig, Giuseppe Giannini enttäuschte völlig. Viele Einzelaktionen, keine schnellen Kombinationen. Die Pässe auf Salvatore Schillaci, Gianluca Vialli und den später eingewechselten Roberto Baggio waren zu brav und zu ungenau, als daß sie die aufmerksame Abwehr Argentiniens ernsthaft in Bedrängnis gebracht hätten. Parallel zur italienischen Harmlosigkeit steigerten sich die Argentinier zwar zu ihrer besten WM-Leistung, überzeugen konnten aber auch sie nicht. Es war bezeichnend für dieses Spiel, daß es nicht durch Können sondern durch das Versagen zweier Elfmeterschützen (Donadoni und Serena) und das Glück des Torwarts Goycochea entschieden wurde.

BR DEUTSCHLAND - ENGLAND

Hart, aber fair war der Zusammenprall zwischen Insel-Engländern und Festland-Deutschen. Rechts der Beweis mit Guido Buchwald und Terence Butcher. Unten: Das 1:0, eine englisch-deutsche Co-Produktion von Brehme und Englands Parker; mit am Tor Riedle (13), Augenthaler (5) und Klinsmann (18). Die englische Nr. 5 ist Walker. Unten Mitte: Völler kommt nicht an Shilton vorbei und ganz unten läßt er sich verletzt vom Platz schleppen.

5:4

04. Juli 1990 in Turin nach Elfmeterschießen (0:0, 1:1; 1:1, 1:1)
BR Deutschland: Illgner, Brehme, Kohler, Augenthaler, Buchwald, Berthold, Häßler (66. Reuter), Matthäus, Thon, Völler (38. Riedle), Klinsmann.
England: Shilton, Pearce, Walker, Butcher (70. Steven), Parker, Wright, Waddle, Platt, Gascoigne, Beardsley, Lineker.
Schiedsr: Ramiz Wright (Brasilien).
Tore: 59. Brehme, 80. Lineker.
Elfmeter: Lineker, Brehme, Beardsley, Matthäus, Platt, Riedle, Pearce (gehalten), Thon, Waddle (daneben).
Zuschauer: 52 628.

Witz und Klasse, Tempo und Fairneß: Das vorgezogene Endspiel

Am Ende geschah alles gleichzeitig: Hoffen und bangen, sehen und hören und fühlen und schreien. Es lag nicht einmal der Bruchteil einer Sekunde zwischen dem Moment, in dem der Ball nach dem Elfmeter des Engländers Chris Waddle über das deutsche Tor pfiff, und jenem Moment, in dem sich die deutsche Anspannung in einem wilden Jubelschrei entlud. Teamchef, Ersatzspieler, Funktionäre und Betreuer badeten in schweißnassem Glück. Verwickelt in ein Knäuel aus Trainingsanzügen, verschwitzten Leibern und lachenden Gesichtern, genossen sie das Bewußtsein, an diesem Abend Großes geleistet zu haben und vom Glück begünstigt gewesen zu sein. Denn darin waren sich alle einig: Eine gute Leistung allein reicht nicht aus. Wer ein Elfmeterschießen gewinnen will, der braucht auch das dazu nötige Glück. Und das war an jenem Abend mit den Deutschen im Bunde. Da fiel es leicht, anerkennende Worte auch für den Gegner zu finden: »Ich muß beiden Mannschaften ein großes Kompliment machen. Beide sind an ihre Leistungsgrenzen gegangen und haben ein äußerst attraktives Spiel gezeigt«, lobte Teamchef Franz Beckenbauer. Seine Einschätzung fand allgemeine Zustimmung.
Verglichen mit dem Halbfinalspiel

Franz Beckenbauer drückt seiner Mannschaft die Daumen. Und als alles vorüber und der letzte Elfmeter verschossen war, da soll er gesagt haben: »Wir lieben diese Elf.« Wir auch.

BR DEUTSCHLAND - ENGLAND

Karlheinz Riedle (links) wurde für den verletzten Völler ins Spiel geschickt. Aber die englische Abwehr mit Wright und Butcher (6) weigerte sich, ihn durchzulassen.

Stuart Pearce wird bei seinem Team als Experte für Freistöße gehandelt, aber offenbar nicht für Strafstöße. Seinen Elfmeter konnte Illgner parieren.

des Vorabends hatte die Begegnung zwischen Deutschland und England Endspielcharakter. Ein Verdienst vor allem der Engländer. Sie waren gegenüber den enttäuschenden Leistungen der Vorrunde nicht mehr wiederzuerkennen. Überraschend gut hatten sie die von der Mannschaft geforderte taktische Umstellung verkraftet: Nach zwei WM-Spielen hatten die Engländer mit ihrer jahrzehntealten Tradition einer Vierer-Abwehrkette gebrochen und erstmals auch eine Libero-Position besetzt. Angeführt von Neu-Libero Mark Wright, harmonierte die umformierte Abwehr von Spiel zu Spiel besser – sehr zum Leidwesen von Jürgen Klinsmann, der nach dem Spiel feststellte: »Es war sehr schwer für uns Stürmer. Wir waren bei unseren Angriffen fast immer in Unterzahl und hatten aus dem Mittelfeld wenig Unterstützung.«
Selten nur drangen die Deutschen in den englischen Strafraum ein. Umso häufiger versuchten sich Olaf Thon, Thomas Häßler oder Andreas Brehme mit teilweise gefährlichen Schüssen aus der zweiten Reihe. Die Engländer dagegen suchten den Erfolg mit flotten Kombinationen. Entgegen früheren kopfballstarken Gewohnheiten hielten sie den Ball bevorzugt flach, anstelle des bekannten kick-and-rush überraschten sie mit kontrolliertem Direktpaß-Spiel. So entwickelte sich ein Spiel, das

Für das zweite große Pech der Engländer sorgte Chris Waddle mit seinem Über-die-Latte-Elfer. In seiner Kabine weinte er anschließend wie ein Kind.

Deutsche Jubel-Girlande nach dem englischen Elfmeter-Desaster. Aber, wie Lothar Matthäus weise sagte: »Weltmeister sind wir noch lange nicht.«

keine Wünsche offen ließ. Es bot Witz und Klasse, Torchancen und Tempo bis zur letzten der 120 Minuten, gebündelte Spannung im Elfmeterschießen und es blieb fair bis zum Schluß. Kurz: Ein vorweggenommenes Endspiel.

Rechts: Paul Gascoigne im Zweikampf mit Guido Buchwald, dem wieder eine Klasse-Vorstellung bescheinigt wurde. Sie nennen ihn »Gazza«, den Paul Gascoigne, den Dauerläufer des englischen Teams mit Spielwitz und beeindruckender Technik. Er sei von Whisky auf Schokolade umstiegen, so wird berichtet, und vielleicht auch vom Rüpel zum Clown avanciert. Beides scheint seinem gigantischen Einsatzpensum bekommen zu sein. Unten: Bodo Illgner, Held des Turiner Abends.

3. Platz

2:1

07. Juli 1990 in Bari (0:0)
Italien: Zenga, Baresi, Bergomi, De Agostini (67. Berti), Ferrara, Maldini, Vierchowod, Ancelotti, Giannini (90. Ferri), Baggio, Schillaci.
England: Shilton, Stevens, Walker, Parker, Wright (71. Waddle), Dorigo, McMahon (71. Webb), Platt, Steven, Beardsley, Lineker.
Schiedsrichter: Quiniou (Frankreich).
Tore: 70. Baggio, 80. Platt, 85. Schillaci.
Zuschauer: 51 426.

Italiens Tragik: Sieben Spiele ungeschlagen und doch nur Dritter

Zwar war dieses Spiel mehr von statistischer denn von sportlicher Bedeutung, doch eine solche Schiedsrichterleistung hatte es trotzdem nicht verdient: Dreimal wurden italienische Treffer von Monsieur Joel Quiniou völlig falsch beurteilt. Beim 1:0 durch Roberto Baggio übersah Quiniou eine klare Abseitsstellung des Torschützen. Dem 2:1 durch Salvatore Schillaci (sein sechstes WM-Tor) lag eine ungerechtfertigte Elfmeterentscheidung zugrunde: Paul Parkers Zweikampf mit Schillaci entsprach nämlich durchaus den Regeln. Und das einzig reguläre italiensche Tor, ein Kopfball von Nicola Berti, wurde von Quiniou in der Schlußminute aufgrund einer absurden Abseits-Entscheidung nicht anerkannt.
Glücklicherweise ließen sich die Spieler vom schwachen Niveau des Schiedsrichters weder anstekken noch beeinflussen. Von Beginn an erfreuten sie mit frischem Angriffsschwung und dynamischen Kombinationen. Befreit von jeglichem Erfolgsdruck, hatten beide den Mut zu risikoreichen offensiven Aktionen, scheiterten aber immer wieder an den gewohnt aufmerksamen Abwehrreihen. Dank der Unterstützung durch Monsieur Quiniou blieb Italien schließlich auch im siebten WM-Spiel ungeschlagen – und wurde doch nur Dritter. England aber feierte mit dem vierten Platz die zweitbeste WM-Bilanz seiner Geschichte.

ITALIEN - ENGLAND

Linke Seite: Giannini und Platt. Rechts: Franco Baresi, der stille Mann und Libero im Hintergrund. Unten: Baggio (15) stahl Shilton den Ball – 1:0; (19, Schillaci; 13, Giannini). Darunter: Umstrittener Schillaci-Elfer (9, Beardsley). Ganz unten: Lineker, Tor-Jäger.

Finale

Des Kaisers goldenes Vermächtnis

Es dauerte nur Sekunden: In Windeseile füllten sich die Straßen deutscher Großstädte mit Begeisterung. Fast zwei Stunden lang hatte kein öffentliches Leben mehr stattgefunden, die Straßen waren menschenleer, die Orte wie ausgestorben. Die Nation saß, in gespannter Erwartung vereint, vor den Bildschirmen. Unmittelbar nach dem Abpfiff aber gab es kein Halten mehr. Ob in Berlin oder Frankfurt, in Hamburg oder München – zu Zehntausenden strömten sie auf die Straßen und Plätze. Knallende Raketen und hupende Autokarawanen verkündeten den Sieg in Rom. In National-Trikots gekleidet, geschmückt mit Schals und Mützen und wehenden Fahnen in den deutschen Farben ergab sich ganz Deutschland einem schwarz-rot-goldenen Rausch. Der dritte Weltmeister-Titel nach 1954 und 1974 löste zwischen Flensburg und Konstanz, zwischen Cottbus und Köln eine Begeisterung aus, wie sie zuvor nur aus südlichen Ländern bekannt war.

Dem lärmenden Jubel in der Heimat stand eine beinahe verhaltene Freude der unmittelbar Beteiligten gegenüber. Die Mannschaft des Deutschen Fußball-Bundes hatte mit ihrem Sieg über Argentinien diesen Freudentaumel zwar ausgelöst, die Spieler selbst aber wirkten in den ersten Minuten nach dem Abpfiff seltsam unberührt. Sie umarmten und sie herzten sich, ihre Münder lachten. Und doch wirkten ihre Gesten distanziert und etwas unwirklich. Die Freude auf dem Rasen und auf den Rängen – sie war nicht annä-

Der Sieger und die hart umkämpfte Trophäe – Lothar Matthäus und eine besinnliche Sekunde. Unten: Deutsche Fans unter dem Riesenbild des Kapitäns.

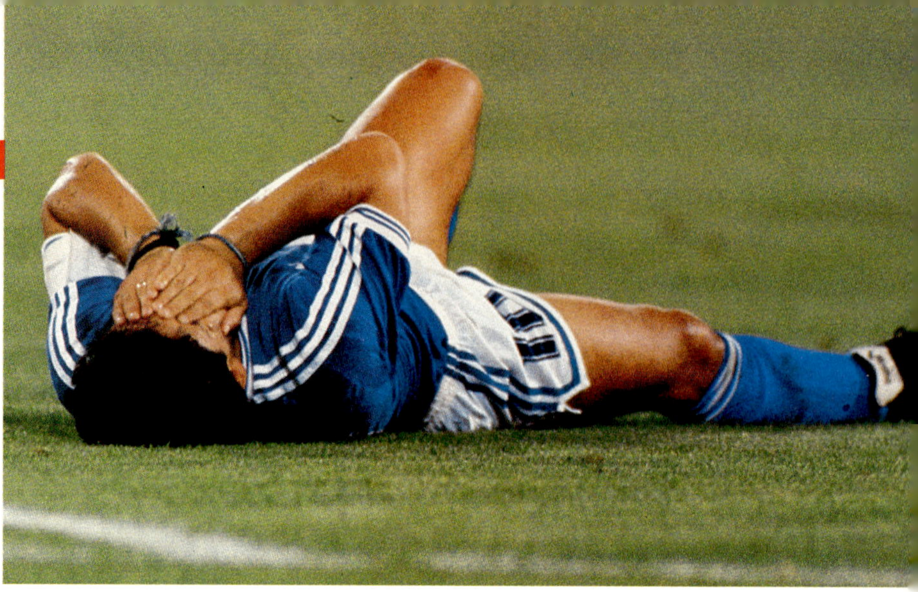

Aus, fin, Schlußpfiff und Tränen für Diego Armando (rechts). Unten: Ballfight mit Roberto Sensini (17) und Jürgen Kohler. »Der deutsche Strafraum«, so ein Fernseh-Spielkommentator jubilierend, »gleicht einer ballfreien Fußgängerzone.«

hernd so euphorisch wie auf den deutschen Straßen und nicht annähernd so explosiv wie nach dem Halbfinale gegen England.
Die Atmosphäre im Stadion hatte nichts gemein mit der grölenden Stimmung gewöhnlicher Fußballspiele. Erhellt vom warmen Licht einer Lasershow und erfüllt von der eindringlichen Stimme des Opern-Tenors Luciano Pavarotti – so wurde das Olympia-Stadion von Rom zur Bühne eines feierlichen Festaktes. Siegerehrung und Ehrenrunden spiegelten das Selbstverständnis dieser Mannschaft. Es gab keine Gesten des Triumphes und der Überheblichkeit, nur Gesten des Glücks und fast dankbarer Freude.
Schon vor Turnierbeginn als Mitfavorit gehandelt, war die deutsche Mannschaft nach dem Ausscheiden Italiens zum Topfavoriten aufgestiegen. In allen Prognosen, in internationalen Wettbüros und in privaten Tipperkreisen wurden die Deutschen schon vorab zu Weltmeistern gekürt. Was auch ihrer Selbsteinschätzung entsprach. »Wir haben die bessere Mannschaft«, hatte Teamchef Franz Beckenbauer selbstbewußt festgestellt und den Spielverlauf schon vorab so beschrieben, wie er sich später tatsächlich entwikkelte. »Wir müssen Geduld haben. Die Argentinier werden uns nicht den Gefallen tun und nach vorn spielen. Sie werden sich hinten reinstellen. Wir müssen im Mittelfeld Druck machen, dürfen aber nicht blind anrennen. Unter Umständen kann es lange dauern, bis ein Tor fällt.« Genau so geschah es. Die Deutschen bestimmten das Spiel von der ersten bis zur letzten Minute. Argentinien zog sich ganz in seine Spielhälfte zurück und tauchte nicht einmal gefährlich vor dem deutschen Tor auf.
Doch es waren nicht etwa hellseherische Fähigkeiten, die Beckenbauer vor seinem letzten Einsatz als Teamchef entwickelte. Den Argentiniern fehlten im Endspiel immerhin vier gesperrte Stammspieler: Drei Weltmeister von 1986, nämlich Ricardo Giusti, Sergio Batista und Julio Olarticoechea sowie der blonde Stürmer Claudio Caniggia. Damit fehlte Trainer Carlos Bilardo das notwendige Personal für taktische Varianten und seinem Superstar Diego Maradona der wichtigste Anspielpartner im Sturm.
So blieb Maradona in seinem Abschiedsspiel für Argentinien wirkungslos. Drei- oder viermal konnte er sich gegen seinen Bewacher Guido Buchwald durchsetzen, doch seine Vorstöße verliefen sich in der sonst beschäftigungslosen deutschen Abwehr. Maradona war ein Gefangener der destruktiven Taktik Argentiniens. Wie seine Mitspieler mußte auch der sonst so geniale Spielgestalter zwangsläufig die Rolle des Spielverderbers übernehmen.

Unten: Von D.A. Maradona waren im Endspiel Tore erwartet worden, jedenfalls hatte Trainer Bilardo sich das so vorgestellt. Doch Guido Buchwald ließ ihn nicht, den genialen Spielmacher, der nur wenige gute Szenen hatte.

Vielleicht galten einige der vielen Tränen in seinem nach Spielschluß schmerzerfüllten Gesicht auch dieser so unwürdigen Vorstellung, die Weltmeister Argentinien bei seinem untauglichen Versuch einer Verteidigung des WM-Titels in Italien geboten hatte.

Es war vor allem die unsportliche Passivität der Argentinier, die ein spannendes Finale verhinderte. Einseitige Spiele wie dieses sind nie besonders interessant, doch sie drohen in Langeweile zu erstikken, wenn auch noch die Tore fehlen. Und daran krankte auch dieses Spiel. Zu engmaschig war das Abwehrnetz vor dem argentinischen Tor. Nicht einmal der Platzverweis von Pedro Monzon eröffnete den deutschen Angreifern den notwendigen Raum. So blie-

Nach dem Finale

Wenn alles vorbei ist, erscheint alles Geschehene nur noch logisch: Der Sieger sowieso, weil er vom ersten Spiel an zu den Favoriten gehörte – und auch der Verlierer, der der Welt ein Bild zeigte, daß man vergaß, welche wunderbaren Mannschaften in der Vergangenheit aus Südamerika gekommen waren. Man spricht ja oft von guten und von schlechten Verlierern – es ist gar nicht so einfach, ein guter Verlierer zu sein. Es gibt auch gute und schlechte Sieger – die Sieger dieser Weltmeisterschaft 1990 in Italien gehören zu den besseren; vielleicht weil sie vier oder acht Jahre zuvor gelernt hatten, wie es ist, zu verlieren. Seltsam übrigens, wenn man diesen Erfolg mit den vorangegangenen vergleicht: 1954 gab es ja noch nicht so viel zu feiern, und der Überschwang, mit dem man feierte, war verständlich – 1974 sprach man von einer eher kühlen Interessengemeinschaft, und kühl blieb auch die Begeisterung – und 1990 schien es eine Rückkehr zur Herzlichkeit und zur ganz simplen Freude. Logik? Vielleicht hat es auch mit den Veränderungen zu tun, die in den Monaten zuvor in Europa stattfanden und mit Fußball nichts zu tun hatten. Zurück aufs Spielfeld: Man wird einst von einer Weltmeisterschaft der Elfmeter reden – was Wunder also, wenn auch dieses letzte Spiel durch einen solchen Strafstoß entschieden wurde. *Ulrich Kaiser*

1:0

BR DEUTSCHLAND

08. Juli 1990 in Rom (0:0)
BR Deutschland: Illgner, Brehme, Kohler, Augenthaler, Buchwald, Berthold (73. Reuter), Littbarski, Häßler, Matthäus, Völler, Klinsmann.
Argentinien: Goycochea, Lorenzo, Serrizuela, Sensini, Ruggeri (46. Monzon), Simon, Basualdo, Burruchaga (53. Calderon), Maradona, Troglio, Dezotti.
Schiedsrichter: Codesal Mendez (Mexiko).
Tor: 84. Brehme.
Platzverweis: 64. Monzon, 86. Dezotti.
Zuschauer: 73 603.

Sie waren im großen Finale von Rom schon nervös genug, die argentinischen WM-Matadoren. Aber als Schiedsrichter Codesal Mendez nach Mozon auch noch Dezotti (9) die Rote Karte zeigte (rechts), reagierten Troglio (21) und Co. arg gereizt. Dezotti war Kohler auch nur ein bißchen an die Gurgel gefahren.

Perdón, wir haben gewonnen. Felicidades, herzlichen Glückwunsch. Die römische Nacht über dem Olympia-Stadion gehörte dem Feuerwerk (rechts) und dem deutschen Team. Und unten rechts hebt Franz Beckenbauer, unterstützt von Völler, ab und verläßt den Rasen, der die Welt bedeutet.

ben echte Torchancen selten, aber es gab sie. Weitschüsse von Pierre Littbarski und Andreas Brehme verfehlten ihr Ziel knapp. Jürgen Klinsmann, Rudi Völler und auch Thomas Berthold vergaben die besten Möglichkeiten noch im Fünfmeterraum. Und als Libero Klaus Augenthaler aussichtsreich vor Torwart Sergio Goycochea auftauchte, lag er plötzlich am Boden, ohne daß einwandfrei geklärt werden konnte, ob er von Goycochea gefoult worden war oder selbst in den Torwart hineinstolperte. Halb zog er ihn, halb sank er hin – so ähnlich war es auch in der 83. Minute im Zweikampf zwischen Roberto Sensini und Rudi Völler. Von Kapitän Lothar Matthäus mit einem Traumpaß in den Strafraum geschickt, kam Völler zu Fall. Schiedsrichter Edgardo Codesal Mendez, ein Frauenarzt aus Mexiko, zögerte keinen Moment: Elfmeter. Eine Entscheidung, die von Pierre Littbarski als »Konzessionsentscheidung wegen des Fouls an Augenthaler« und von Franz Beckenbauer als »schmeichelhaft« bezeichnet wurde, weil »der Rudi da ein bißchen nachgeholfen hatte«. Berechtigt oder nicht: Andreas Brehme trat zum Strafstoß an und verwandelte ganz sicher. Goycochea, der im Viertel- und im Halbfinale schon vier Elfmeter abgewehrt hatte, lag zwar wieder in

der richtigen Ecke, doch Brehme hatte den Ball unerreichbar flach neben den linken Pfosten plaziert. Ein verdientes Tor, ein verdienter Sieg, ein würdiger Weltmeister. Und ein glanzvoller Abschied für Franz Beckenbauer, der 1974 als Spieler und nun als Trainer Weltmeister wurde. Das war vor ihm nur dem Brasilianer Zagalo gelungen. Innerhalb von sechs Jahren hatte Beckenbauer den deutschen Fußball vom absoluten Tiefpunkt auf den höchsten Gipfel geführt. Des Kaisers goldenes Vermächtnis wird für seine Erben zur schweren Bürde.

ARGENTINIEN

Lothar Matthäus, so die einhellige Meinung, erwies sich als echter Chef der deutschen Mannschaft. Arm in Arm mit dem Chef Rudi Völler (links).

Jubel bei den deutschen Fans, als Andy Brehme mit seinem unhaltbaren Elfmeter Deutschland zum dritten Mal zum Weltmeister machte (unten).

Strafstoß oder nicht Strafstoß, das war hier für den Unparteiischen keine Frage. Als Augenthaler fiel, sah er kein Foul, Troglio (21) auch nicht.

Der Jubel ist im wahrsten Sinne des Wortes unbeschreiblich, sowohl links als auch auf der folgenden Doppelseite. Ciao, Italia.

BR DEUTSCHLAND - ARGENTINIEN

CIAO ITALIA HELLO USA '94

IMPRESSUM

Projektleitung
ROLAND M. GÖÖCK

Konzeptionelle Gestaltung
SPORTARTS, Hamburg

Bildredaktion und Layout
MAJA MORITZ

Produktion
GUNDULA DUDA

Assistenz
DORIS BUCHHOLZ

Fotografie
BONGARTS, Hamburg

LUTZ BONGARTS
MICHAEL KUNKEL
HENRI SZWARC
Assistenz
STEPHAN RISSMANN

Satz
MANFRED ROTHER
Mohndruck, Gütersloh

Lithografie
HANS-DIETER STÖNNER
Mohndruck, Gütersloh

Druck und Verarbeitung
MOHNDRUCK GRAPHISCHE BETRIEBE
GmbH, Gütersloh

Papier
GARDAMATT BRILLANTE
Cartiere del Garda, Riva

Der Mosaik Verlag
ist ein Unternehmen der Verlagsgruppe
Bertelsmann

ISBN 3-570-02882-8

Printed in Germany